¡Santo PRI, líbranos del PAN!

Rius (1934) es más importante, decía Carlos Monsiváis, que la Secretaría de Educación Pública; con más de 100 libros publicados, al menos ha hecho leer a más mexicanos que los programas oficiales de promoción de la lectura. Atento a todo lo que pasa en México y en el mundo, y siempre con una posición crítica y humorística que muchos califican de radical, libro tras libro aborda temas de actualidad, obteniendo siempre una respuesta entusiasta de sus lectores. Entre sus últimos libros son de destacar *¿Sería católico Jesucristo?*, *La obesidad al alcance de todos*, *Mis Supermachos 2 y 3*, además de *Sobras encogidas y seleptas*.

¡SANTO PRI, LÍBRANOS DEL PAN!

RiUS

Grijalbo

¡Santo PRI, líbranos del PAN!

Primera edición: junio, 2011
Primera reimpresión: septiembre, 2011

D. R. © 2011, Eduardo del Río (Rius)
www.rius.com.mx

D. R. © 2011, derechos de edición mundiales en lengua castellana:
Random House Mondadori, S. A. de C. V.
Av. Homero núm. 544, col. Chapultepec Morales,
Delegación Miguel Hidalgo, 11570, México, D. F.

www.rhmx.com.mx

Comentarios sobre la edición y contenido de este libro a:
megustaleer@rhmx.com.mx

ISBN 978-607-310-584-2
Impreso en México / *Printed in Mexico*

PRÓLOGO

Jesús Martínez "Palillo"

" DESGRACIADOS APÁTRIDAS,
ENCUERADORES DE LA ECONOMÍA POLÍTICA,
BUITRES Y VAMPIROS, TENÍAN QUE SER DEL
PRI ,DONDE HAY PRI HAY CORRUPCIÓN,
AHÍ ESTÁN LOS ETERNOS ENRIQUECIDOS,
POLÍTICOS ABYECTOS, MÉNDIGOS,
MÓNDRIGOS, CHAQUETEROS, RATAS,
ESDRÚJULOS, ARCHIPIÉLAGOS,
MAROMEROS, CAFIASPIRONÓMICOS,
PITUFOS, JOTOS, RATEROS..."

DAVID CARRILLO

8

ARIAS BERNAL

REGRESO EN CUANTO PASE ESTA EPOCA DE PROSPERIDAD..

RUMBO A E.U.A.

El antecedente de este libro se llamó
SU MAJESTAD EL PRI
y apareció en 1982 editado por
GRIJALBO.

SU MAJESTAD EL PRI

por el calumnioso Rius

grijalbo

Dibujo de la Portada de este libro: ROGELIO NARANJO.

MI AGRADECIMIENTO
A todos los colegas (algunos ya gozando en otro mundo), cuyo trabajo enriqueció muchísimo este libro que quisiera fuera también un modesto homenaje a todos ellos.
Me refiero a
ROGELIO NARANJO
HELIO FLORES
EL FISGÓN
ROCHA
ANTONIO HELGUERA
JOSÉ HERNÁNDEZ
MAGÚ
RUBÉN
PACO CALDERÓN
PATRICIO
ALBERTO BELTRÁN
ABEL QUEZADA
ANDRÉS AUDIFFRED
GABRIEL VARGAS
ANTONIO ARIAS BERNAL
ALBERTO ISAAC
Y EL QUE SE ME HAYA PASADO MENCIONAR.

A TODOS, GRACIAS.
el autor

9

Capitulo 1.
Donde se habla de los rumores que dicen que la izquierda mexicana tiene prohibido entrar a Los Pinos en calidad de Presidentes.

Ni a Cuauhtémoc, que nació ahí, me lo dejan entrar..

De 1934 a 1940 gobernó en México el Gral. Lázaro Cárdenas del Río (tío mío medio lejano, pero tío), y su gobierno ha sido considerado por los historiadores como "de izquierda".
Como ha sido usual en México, el Presidente que sale designa a su sucesor, pero haciendo la faramalla de que los distintos sectores del Partido hacen la designación. En el caso de don Lázaro, alguien dijo que NO PODÍA SER SU SUCESOR el también general Francisco Múgica, porque era "demasiado" de izquierda.
Ese "alguien", dicen los historiadores, fue el Tío Sam, que no quedó muy contento con la Expropiación Petrolera, ni con otras medidas "de izquierda" que llevó a cabo don Lázaro. Así que en vez del izquierdoso Múgica pusieron a otro general pero bastante conservador: Manuel Ávila Camacho.

Cómo interpretaba el pueblo las siglas PRM : "PARA REZAR, MANUEL; PARA ROBAR, MAXIMINO".

De ser así, es fácil explicarse los fraudes de 1988 y del 2006, fraudes sufridos curiosamente por gente de izquierda: Cuauhtemoc Cárdenas y el *Peje* López Obrador. Quiere decir, según todos los historiadores, que los Estados Unidos no van a permitir a un Presidente de izquierda en su patio trasero... y como dicen que donde manda capitán, no gobierna marinero, pues...

En ambos fraudes, los ganadores han sido dos derechistas y proyanquis, por no decir entreguistas : Salinas en 1988 y Calderón en el 2006.

En este año 2011 (y desde antes) vienen corriendo rumores, apuestas y afirmaciones en el sentido de que, ¡ agárrense los chones !, **EL PRI VOLVERÁ A LOS PINOS EN EL 2012** Porque así conviene a los intereses de los dueños del país. Punto.

¿QUIÉNES SERÁN LOS DUEÑOS DEL PAÍS? ¿SIQUIERA SON MEXICANOS..?

Aquí habrá gran levantamiento de cejas, pues no faltará quien diga que *"los dueños del país son los queridos gringos"*.

Pero otros dirán que los verdaderos dueños del país son la MAFIA formada por empresarios de la televisión, la Banca, el Pelón Salinas y otros viejos políticos y empresarios. O sea, la llamada Oligarquía Nacional, que simpatiza grandemente con los United States y el Vaticano.

OH, YES..

SOMOS ESTADOS UNIDOS... MECSICANOS

..Y NOS PROTEJE -DICEN- LA VIRGEN DE GUADALUPE..

SÍ, LA MISMA MAFIA QUE ME ROBÓ LA PRESIDENCIA.

HERNANDEZ

¿ POR QUÉ NO REPETIRÍAN LOS PANISTAS EN 2012 ?

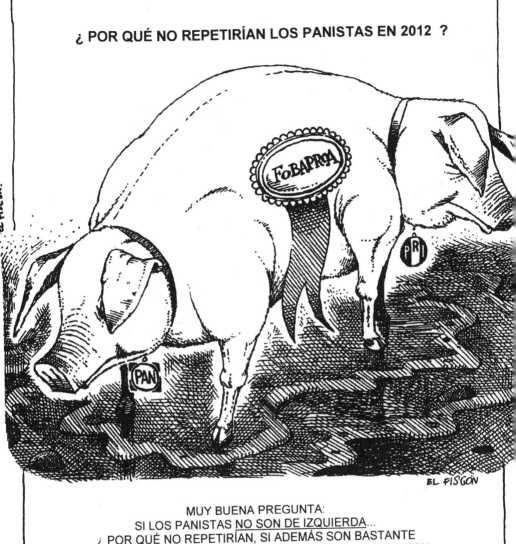

MUY BUENA PREGUNTA:
SI LOS PANISTAS <u>NO SON DE IZQUIERDA</u>...
¿ POR QUÉ NO REPETIRÍAN, SI ADEMÁS SON BASTANTE
SIMPATIZANTES DE WASHINGTON Y EL VATICANO, Y NO SON
MUY DIFERENTES DE LOS PRIISTAS...?
¿ACASO YA CAYERON DE LAS SIMPATÍAS DE LA MAFIA QUE
NOS GOBIERNA ? ¿ O DE MR. OBAMA ?

Hay muchas razones para creer que el PAN no repite para el 2012 y que va a tener que sacar sus tiliches de Los Pinos...

1 LOS GOBIERNOS PANISTAS, FOX Y CALDERÓN, HAN SIDO UN VERDADERO DESASTRE EN TODOS LOS ASPECTOS. NO HAN SABIDO GOBERNAR. HAN CAIDO EN LOS MISMOS O PEORES PECADOS DE CORRUPCIÓN QUE LOS PRIÍSTAS. ADEMÁS DE CORRUPTOS, HAN RESULTADO INEPTOS. SIGUEN VIVIENDO EN LA EDAD MEDIA. Y MUY POCA GENTE VOLVERÍA A VOTAR POR EL PAN

2 FOX NO RESPETÓ SUS PROMESAS DE ATACAR A FONDO LA CORRUPCIÓN, Y ACABÓ EN FRANCO AMASIATO CON EL PRIISMO QUE HABÍA PROMETIDO COMBATIR. COGOBERNÓ CON EL PRI Y FUE EL FUNDADOR DEL PRIAN

EL SACROSANTO PAN NO SUPO APROVECHAR LA OPORTUNIDAD QUE LE DIO EL PRI DE VIVIR DOCE AÑOS EN LOS PINOS, Y VA A TENER QUE REGRESAR LAS LLAVES Y LAS TOALLAS.

Fox prometió todo, pero no cumplió nada. La gente que votó entusiasmada por él, acabó renegando de haberlo hecho. La Pareja Imperial (Foximiliano y Martota) dejaron ejemplo de superficialidad, corrupción y tontera. Nunca habíamos tenido un Gobierno tan folklórico, inepto e inculto. ¿Qué podíamos esperar de un gerente de la Coca Cola?

CON FOX NACIÓ TAMBIÉN LA <u>IMPANIDAD</u> O EL ARTE DE CERRAR LOS OJOS ANTE LA CORRUPCIÓN DE LOS HIJOS DE SU ESPOSA. ASÍ ERA IMPOSIBLE QUE COMBATIERA LAS TEPOCATAS DEL PRIISMO...

16

4 Calderón fue peor que Fox. Aquel nos hacía reir con sus cosas, pero el espurio ni eso. Mentiroso e hipócrita, como buen católico, acabó por sumir al país en un baño de sangre y violencia. Creyó que hacerle la guerra al Narco Corporation era lo más fácil del mundo, sin tomar en cuenta que la mitad de los funcionarios de su gobierno estaba metida en el negocio de la droga. Empezando por la policía y el ejército. Ni el apoyo (pagado) de las Televisoras lo ha salvado de la rechifla...

5 Viendo al 2012, Calderón ha hecho su apuesta a la <u>atemorización</u> de la gente, que opte por no ir a votar el día de las elecciones.(y de ese modo volver a ganar junto con el PRI)... Y más que eso, piensa que Estados Unidos, de acuerdo al Plan Mérida, llegue como la caballería de John Wayne, a salvar a México y volverlo como Colombia, una estrella más en la gloriosa enseña yanqui.

19

HABLEMOS ENTONCES DEL SANTO PRI

(APROVECHANDO QUE YA ES EL CAPÍTULO 2...)

LA LÓGICA ELECTORAL MEXICANA ES CLARA:
NINGUN PARTIDO TIENE LA FUERZA Y ORGANIZACIÓN
CRIMINAL QUE POSEE EL PRI. TIENEN UN APARATO
ELECTORAL (REFORZADO CON LAS PANDILLAS DE LA
MAESTRA ELBA ESTHER) QUE ASEGURAN EL TRIUNFO
EN CUALQUIER ELECCIÓN.
Y SABEN DE LA DEBILIDAD EN QUE ESTÁ ACABANDO EL
PAN, QUE YA NO ENTUSIASMA NI A LOS CANÓNIGOS DE
CATEDRAL Y QUE SÓLO "ALIÁNDOSE" CON OTROS PARTIDOS
PUEDE TRIUNFAR EN ALGUNA ELECCIÓN...

y va de historia:

EN 1929
CALLES TUVO LA GRAN
IDEA DE METER A TO-
DOS LOS GENERALES
EN UN MISMO COSTAL Y
HACER ASÍ QUE SE
ACABARAN LOS GOLPES
DE ESTADO, LAS ASO-
NADAS Y LOS LEVANTA-
MIENTOS ARMADOS QUE
CADA GENERAL HACÍA
CADA DOS MESES.
Y FUNDÓ EL
**PARTIDO NACIONAL
REVOLUCIONARIO**
DONDE DEBÍAN ENTRAR
TODOS LOS PARTIDOS.

Covarrubias

COVARRUBIAS

TAMBIÉN LOGRÓ QUE
OTROS GENERALES Y
POLÍTICOS DEJARAN DE
FUNDAR PARTIDITOS
POLÍTICOS QUE, COMO
SABEMOS TODAVÍA,
SIGUEN SIENDO EL
GRAN NEGOCIO EN ES-
TA ESPECIE DE PAÍS...

(JUNTO CON
LOS NEGOCIOS
RELIGIOSOS,
CLARO...)

PERO CALLES NO PENSABA EN QUE LA GENTE DEL PUEBLO PARTICIPARA, EXCEPTO COMO EXTRAS VOTANTES EL DIA DE LAS ELECCIONES. ADEMÁS, MUY POCOS SABÍAN LEER Y ESCRIBIR. EL PNR, PUES, ERA LO MAS PARECIDO AL PRI ACTUAL.

LOS VOTANTES DE HOY EN DIA SON ANALFABETAS POLÍTICOS: SE HAN EDUCADO CON AZTECA Y TELEVISA...

HELIOFLORES

Votan por quien les da la mejor despensa..o más lana..

A.Q.

EL PRI TRANSFORMÓ EL IDEARIO DE MADERITO EN SUFRAGIO **EN** EFECTIVO...

PERO, A VER ¿ANTES DEL PRI NO HABÍA OTRO PARTIDO DEL GOBIERNO?

DIEGO RIVERA

CLARO: PRIMERO FUE EL PNR DE CALLES, CREADO PARA UNIR A TODOS LOS GENERALES Y HACERLE CREER A LOS USA QUE YA HABÍA DEMOCRACIA EN EL PAÍS... (también permitió otros partidos como 'paleros')

1934

Luego, Cárdenas fundó el PRM: PARTIDO DE LA REVOLUCIÓN MEXICANA, CUYO LEMA ERA BIEN PADRE: *Por una democracia de los trabajadores* QUE DURÓ HASTA 1946, CUANDO MIKE ALEMÁN FUNDÓ EL PRI, QUE HIZO A UN LADO TODO LO QUE TENÍA DE IZQUIERDA EL PARTIDO DE CÁRDENAS (CON TODO Y LOMBARDO TOLEDANO) Y SE ARREGLÓ CON FIDEL VELAZQUEZ PARA CONTROLAR A TODOS LOS SINDICATOS QUE HASTA ENTONCES HABÍAN SIDO LIBRES...

PRM

PNR → PRM → PRI
1929   1934   1946

23

Plutocracia, rapiña y...

O SEA EL VERDADERO PRI SOLO TIENE 65 AÑOS..

CON EL PASO DE LOS AÑOS, EL PUEBLO HA REBAUTIZADO AL PRI CON DIVERSOS NOMBRES. VAN ALGUNOS:

..Y LA "I" DEBE SER DE INEFICACIA..

PRI

PARA ROBAR IMPUNEMENTE

PARTIDO de RATEROS INCANSABLES

Pillos REUNIDOS INDEFINIDAMENTE

PARTIDOTE ROBOLUCIONARIO de la IMPOSICIÓN

será el sereno, pero siguen votando por mí..

¿CÓMO ESTÁ ESE MISTERIO?

¿ CÓMO ES QUE, PE-
SE A QUE YA PER-
DIÓ 2 VECES LA
PRESIDENCIA DE LA
REPÚBLICA, EL PRI
SIGUE
GANANDO EN LOS
ESTADOS Y
MUNICIPIOS ?

HELIOFLORES

COLMILLUDO
QUE ES UNO,
JOVEN..

PUES, PORQUE EL
PRI SIGUE CONTAN-
DO CON EL APOYO
DE LOS GOBERNA-
DORES, DE LA PO-
LICÍA, DE LOS
PRESIDENTES MUNI-
CIPALES, DEL H.
EJÉRCITO, LA H.
BUROCRACIA _Y NO
SE DIGA DE LA
PRENSA Y LA
TELEVISIÓN
LOCALES Y
NACIONALES...

25

Reproducción
Por Helioflores

Y NO SE LES OLVIDE QUE EL PRI HA INVENTADO:

EL ROBO DE URNAS, LOS CARROUSELES, LOS MAPACHES, LOS RATONES LOCOS, EL TAQUEO, LAS CASILLAS ZAPATO, LAS URNAS MADRUGADORAS, LOS VOTOS DE LOS DIFUNTOS, LA SUSTITUCIÓN DE URNAS Y LAS IDEM EMBARAZADAS, LA OPERACIÓN TAMAL Y TODA LA MECÁNICA NACIONAL PARA TENER ELECCIONES FRAUDULENTAS E IRREGULARES...

NO POR NADA ES EL PARTIDO QUE RECIBE MÁS DINERO (que sale de nuestros impuestos.)

Y DESDE LUEGO, EL PRI INVENTÓ (AUNQUE NO PATENTÓ) LA *COMPRA DE VOTOS*, O SEA LO QUE DIJIMOS HACE RATO: EL SUFRAGIO *EN* EFECTIVO...

Para documentar un poco la compra de votos, reproduzco un fragmento del libro *LA COMEDIA ELECTORAL* de la famosa y querida escritora GUADALUPE LOAEZA. Chútenselo....

¿Comprar o no comprar el voto?, he ahí el dilema que se presenta en cada elección en México. Es bien sabido que en nuestro país hay muchas maneras de comprar votos; desde con un tinaco hasta con un seguro de gastos médicos. "Señora, si me consigue un tinaco yo le doy ocho votos", me dijo un señor al oído mientras me encontraba distribuyendo mis volantes..." Una vecina me comentó que alguien le había hablado de la Delegación: "Señora, de parte del candidato para delegado, le queremos preguntar si quiere un seguro médico por tres meses, totalmente gratis..."
Los vecinos de las colonias populares tienen tantas necesidades básicas que ese tipo de obsequios no se pueden rechazar. Pero también hay que entender que la inequidad en esos casos es apabullante. Yo no tenía manera de contar con un padrón de los vecinos de esa colonia ni mucho menos tenía recursos para ofrecer tales servicios.
Si de alquimistas electorales hablamos, no cabe duda que los mejores del mundo fueron los priistas. ... La forma de atraer votos en beneficio de un candidato tiene nombre, incluyendo tácticas como la "movilización", palabra mágica que empecé a escuchar al igual que la "promoción del voto", lo que equivale al "acarreo". He aquí cómo se instrumenta la operación el día de las votaciones, de los imprescindibles promotores del voto:
Uno : proveerlos de transporte o de gasolina.
Dos: darles 100 pesos para su comida.
Tres: un teléfono celular.
Cuatro: dos tarjetas de teléfonos.
Cinco: tres botellitas de agua.
Lo importante es tener a muchos "movilizadores" para implementar las diferentes tácticas de los líderes vecinales, expertos en "movilizar" y en asegurarse de que la preferencia electoral se incline hacia el candidato con el cual se ha hecho el compromiso; "ya estamos amarrados", dicen cuando ya está cerrado el trato."
"Nunca se me olvidará una reunión que tuve... con una líder vecinal muy influyente entre los líderes y los vecinos de las colonias populares... Moviendo constantemente sus manos de uñas larguísimas pintadas de blanco nacarado, la lideresa me dijo con voz aguardentosa: "Mire, Lupita, sí la vamos a apoyar... pero para movernos necesitamos recursos. Si usted quiere contar con 3,500 votos tenemos que mover a 1600 promotores. Operar cada voto nos va a costar 1,100 pesos, es decir, 800 por representante de casilla, 200 por coordinador y 100 para los monitores, esos que están monitoreando que el número de gentes prometido acuda a la casilla. En otras palabras Lupita, necesitamos 4 millones de pesos..."
Según Ricardo Raphael, existen 50 mil promotores del voto que trabajan para el Sindicato de Trabajadores de la Educación...
(O sea, el PANAL de la Profe Elba Esther...)

¿cómo les quedó el ojo, amados lectores..?

¿CUÁNTO CUESTA TU VOTO, MEXICANO.?

HAY QUE TOMAR EN CUENTA OTRO IMPORTANTE DETALLE QUE ES UNA <u>VARIACIÓN</u> DISFRAZADA DE LA COMPRA DE VOTOS, SE TRATA DE LOS PROGRAMAS ASISTENCIALES DE PARTE DEL GOBIERNO. A VECES SE LLAMAN
SOLIDARIDAD y otras *OPORTUNIDADES*,
MEDIANTE LOS CUALES SE COMPRA COMO QUIEN NO QUIERE LA COSA, VOTO X LIMOSNA...

EN UN PAÍS CON 40 MILLONES DE POBRES, UN TACO DE ARROZ ES UN VOTO...

29

POR ESOS DETALLITOS Y OTROS POR EL ESTILO PODEMOS AFIRMAR QUE

NINGUNA ELECCIÓN PRESIDENCIAL DESDE 1930 HASTA EL AÑO 2000 HA SIDO LIMPIA Y TRANSPARENTE

SÓLO EN LA DE FOX NO SE PUDIERON METER

(PERO EN LA DE CALDERÓN SÍ: UN COCHINERO..)

MAGNÍFICO TRABAJO, COMPADRE..

LOS MEDIOS HAN JUGADO UN PAPEL MUY IMPORTANTE EN EL MANTENIMIENTO DEL PRI EN EL GOBIERNO... ¡Y VICEVERSA:!

¡EL PRI - ES DECIR EL GOBIERNO - HA SIDO FUNDAMENTAL PARA EL MANTENIMIENTO (Y ENRIQUECIMIENTO) DE LOS MEDIOS: SIN PRI NO HABRÍA PRENSA VENDIDA! LA TELEVISIÓN SE SOSTIENE (Y ENRIQUECE) GRACIAS AL DINERO DEL PRI...

JOSÉ CHÁVEZ MORADO

¿POR QUÉ LA RADIO, LA TELEVISIÓN Y LA PRENSA SE OCUPAN Y HABLAN TANTO DE POLÍTICA? PUES PORQUE RECIBEN MUCHÍSIMO DINERO POR HACERLO: NO LO HACEN GRATIS...

PARA RESUMIR, AQUÍ VA LA LISTA DE LO QUE TIENE EL PRI PARA GANAR "LIMPIO" LAS ELECCIONES :

UNO / DINERO de nuestros impuestos, para COMPRAR votos, tiempo en la Radio y TV, espacio en la Prensa.

DOS / Apoyo de los Gobernadores donde todavía manda.

TRES / Apoyo de los Sindicatos y Centrales dominadas por el PRI. Apoyo de los Partidos Paleros (Verde y Panal)

CUATRO / Apoyo de los cientos de Municipios priístas.

CINCO / Dinero y apoyo de Empresarios e Iglesias.

SEIS / Apoyo más o menos disfrazado de las Instituciones Electorales: IFE, TRIFE, etc. Sobre todo en los Estados.

SIETE / Apoyo de las Fuerzas Armadas y las Policías.

OCHO / Apoyo de las Televisoras y Medios impresos.

NUEVE / Dinero de las Lavanderías Narco-Bancarias.

DIEZ / Apoyo de la Burocracia Federal, Estatal y Municipal.

O SEA, COMPETIR
CON EL PRI
EN CUALQUIER
ELECCIÓN, ES
COMO PONERSE
A LAS PATADAS
CON SANSÓN.

....

Pues si bien el PRI
ha perdido la
Presidencia de la
República, que era
su cabeza, su Ca-
sa Matriz; se ha
fortalecido en sus
sucursales, que
son los Estados.

AHORA CADA
ESTADO ES UN
NEGOCIO
INDEPENDIENTE,
PERO QUE A LA
HORA DE UNAS
ELECCIONES
PRESIDENCIALES
SE SUMAN A UNA
SOLA CAUSA: EL
TRIUNFO Y EL
REGRESO A
LOS PINOS...

CONSEJO
NACIONAL
EXTRAORDINARIO

P R I

HELIOFLORES

Más al rato
volveremos a
meternos con el
Santo PRI..

34

CAPÍTULO 3

Gracias amado PRI por los Presidentes que nos has dado...

35

COMO RESULTADO DE 55 AÑOS DE FALSAS ELECCIONES, EL PRI NOS HA HECHO VOTAR POR TODA CLASE DE PRESIDENTES (NINGUNO HA RESULTADO ESTADISTA), PERO VARIOS SÍ HAN SALIDO PILLOS, ASESINOS Y SINVERGÜENZAS...

(me da gusto informar que **no** he votado por ninguno de ellos..)

LA SUERTE DEL FEO Por ABEL QUEZADA

GOBERNACIÓN ACABA DE ANUNCIAR QUE EN OCTUBRE DARÁ COMIENZO LA CAMPAÑA ELECTORAL; HASTA AHORA NADA SE SABE DEL FUTURO CANDIDATO, PERO SE DEDUCE QUE SI...

LÁZARO CÁRDENAS FUE BIEN PARECIDO...

AVILA CAMACHO, FEO...

AQUÍ EMPIEZAN LOS DEL PRI:

MIGUEL ALEMÁN BIEN PARECIDO...

RUIZ CORTINES FEO...

Y LÓPEZ MATEOS BIEN PARECIDO...

AL PRÓXIMO LE TOCA SER **FEO.**

ABEL QUEZADA LE ATINÓ: DÍAZ ORDAZ HA SIDO EL MÁS FEO DE TODOS..

la DICTADURA PERFECTA

VARGAS LLOSA, FLAMANTE NOBEL DE LITERATURA, CALIFICÓ AL RÉGIMEN DEL PRI COMO *"LA DICTADURA PERFECTA"*, PUES HABÍA ESTABLECIDO UNA DICTADURA QUE ASESINA POCO Y QUE SE MANTIENE VIVA, DESDE HACE MÁS DE 50 AÑOS, GRACIAS A LA CORRUPCION

LA CORRUPCIÓN EN NUESTRO SISTEMA POLÍTICO SE INICIÓ CON EL NACIMIENTO DEL PRI, EN 1946, DE LA MANO DE SU FUNDADOR, EL PRESIDENTE MIGUEL ALEMÁN VALDÉS... CON ÉL EMPEZÓ EL SAQUEO DE LAS RIQUEZAS DEL PAÍS DE PARTE DE LA CLASE POLÍTICA...

El Cachorro de la Revolución, según lo bautizó Fidel Velazquez

DURANTE SU GOBIERNO SE INICIÓ LA DEPENDENCIA CON ESTADOS UNIDOS. EL ÉXODO DE BRACEROS, EL NACIMIENTO DE SINDICATOS GOBIERNISTAS, SE DIO LA PRIMERA DEVALUACIÓN ANTE EL DÓLAR Y SE INAUGURÓ LA "DEMOCRACIA" DEL CARRO COMPLETO...

TODO ERA PRI: ALCALDES, DIPUTADOS, SENADORES Y GOBERS...

MAGALLANES

CON ALEMÁN (BAUTIZADO COMO *ALÍ BABÁ Y LOS 40 LADRONES*), EMPEZÓ EL ROBADERO Y LOS <u>SERVIDORES DE LA NACIÓN</u> SE CONVIRTIERON EN *FUNCIONARIOS DEDICADOS A <u>SERVIRSE CON LA CUCHARA GRANDE</u>*. > LOS POLÍTICOS DESCUBRIERON QUE LA MEJOR Y MÁS PRODUCTIVA POLÍTICA, ERA DEDICARSE A LAS OBRAS PÚBLICAS Y COBRARSE JUGOSOS PORCENTAJES EN LOS CONTRATOS CON LAS CONSTRUCTORAS (UN EJEMPLO NADA MÁS)

CLARO: SI EL PRESIDENTE ROBABA Y NO LIMITABA A SUS AMIGOS, CUALQUIERA ENTONCES PODÍA SER CORRUPTO IMPUNEMENTE...

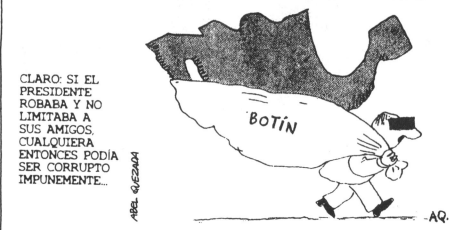

BOTÍN

ABEL QUEZADA

—AQ.

Y DESDE ENTONCES ESA FUE LA TÓNICA A SEGUIR: *ROBA Y EL SABER POCO TE IMPORTE* > *A MÍ QUE ME PONGAN DÓNDE...* > *UN POLÍTICO POBRE ES UN POBRE POLÍTICO* > *LA MORAL ES UN PINCHE ÁRBOL QUE DA MORAS...* Y EL LEMA DE LÓPEZ PORTILLO —LA SOLUCIÓN SOMOS TODOS— SE CONVIRTIÓ EN *LA CORRUPCIÓN SOMOS TODOS*, AL MISMO TIEMPO QUE SE LE CAMBIABA EL APELLIDO A *LÓPEZ POR PILLO.*

39

de ALEMÁN ya hablamos (mal, por supuesto)

1946-1952

LE SIGUIÓ DE 1952 A 1958, ADOLFO RUIZ CORTINES, LO OPUESTO A ALEMÁN..

1952-1958

ALEMÁN DESIGNÓ AL VIEJO ADOLFO RUIZ CORTINES COMO SU SUCESOR, CONVENCIDO DE QUE EL VIEJO BURÓCRATA LE IBA A CUIDAR LAS ESPALDAS Y SE IBA A DEJAR MANEJAR. PERO EL JAROCHO LE SALIÓ MÁS HONRADO QUE NADA Y POR POCO Y LO METE AL BOTE POR RATERO.

RUIZ CORTINES tenía un negro pasado. Durante la invasión gringa a Veracruj, en 1914, el ya entonces burócrata había colaborado con los invasores. > PODÍAN ACUSARLO DE TRAIDOR A LA PATRIA < El enojoso asunto fue re$uelto antes de las elecciones callando a quienes tenían pruebas de su colaboración.

MÁS DIFÍCIL FUE GANARLE LAS ELECCIONES AL GRAL MIGUEL HENRÍQUEZ GUZMÁN, QUIÉN SE LANZÓ COMO CANDIDATO POR OTRO PARTIDO, CON EL APOYO DE DON LÁZARO, Y CONFIADO EN QUE ÉL ERA EL "BUENO". Henríquez contaba con más simpatías que el viejito burócrata. > MUCHOS ASEGURAN QUE EL GENERAL GANÓ LAS ELECCIONES; NUNCA SE SABRÁ, PUES EL GOBIERNO ALEMANISTA CONTROLABA TODO EL PROCESO Y UN MES ANTES YA TENÍAN LOS RESULTADOS OFICIALES.

El 7 de julio de 1952 los simpatizantes del Gral. Se reunieron en la Alameda para celebrar su triunfo, pero fueron ferozmente reprimidos por la policía alemanista, con saldo de varias docenas de muertos. Hubo que darle varios jugosos contratos a Henríquez para que se conformara con el segundo lugar, dejando a Ruiz Cortines al frente del negocio.

Votar es un placer

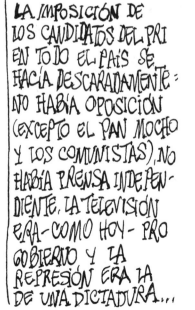

LA IMPOSICIÓN DE LOS CANDIDATOS DEL PRI EN TODO EL PAÍS SE HACÍA DESCARADAMENTE: NO HABÍA OPOSICIÓN (EXCEPTO EL PAN MOCHO Y LOS COMUNISTAS), NO HABÍA PRENSA INDEPENDIENTE, LA TELEVISIÓN ERA -COMO HOY- PRO GOBIERNO Y LA REPRESIÓN ERA LA DE UNA DICTADURA....

PARA QUE LA OPOSICIÓN PUEDA TENER ÉXITO Y GANAR EN LOS PROCESOS ELECTORALES, TIENE QUE IMITAR A NUESTRO PARTIDO.
Enrique Jackson, priista

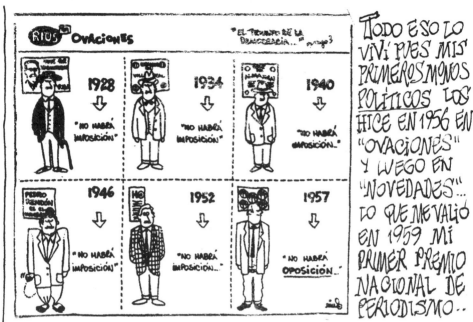

TODO ESO LO VIVÍ PUES MIS PRIMEROS MONOS POLÍTICOS LOS HICE EN 1956 EN "OVACIONES" Y LUEGO EN "NOVEDADES"... LO QUE ME VALIÓ EN 1959 MI PRIMER PREMIO NACIONAL DE PERIODISMO...

En general, el viejito fue buen Presidente: les dio el voto a las mujeres > fundó la CEIMSA para darle a la población pobre alimentos baratos > atacó seriamente la corrupción de los funcionarios > controló sabiamente a las centrales obreras y campesinas> como buen jugador de dominó, sobrellevó a los militares >gobernó con colmillo y canchajarocha, pero al final de su sexenio le salió lo represor y **COMBATIÓ FEROZMENTE A MAESTROS, TELEGRAFISTAS, FERROCARRILEROS Y PETROLEROS, QUE PEDÍAN, COMO SIEMPRE, MEJORES SALARIOS Y PRESTACIONES...**

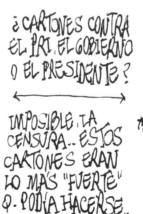

¿CARTONES CONTRA EL PRI, EL GOBIERNO O EL PRESIDENTE?

IMPOSIBLE, LA CENSURA.. ESTOS CARTONES ERAN LO MÁS "FUERTE" Q. PODÍA HACERSE..

DEMETRIO VALLEJO Y OTHÓN SALAZAR LES PUEDEN DAR MÁS INFORMES DE LA MANO DURA DE DON ADOLFO EL VIEJO...

NARANJO

¡LIBERTAD A LOS PRESOS POLITICOS!

EN 1959 LOS LÍDERES FERROCARRILEROS, CAMPA Y VALLEJO, SON ACUSADOS DE SABOTAJE Y DISOLUCIÓN SOCIAL. LOS MANTIENEN PRESOS HASTA 1970.

RUIZ CORTINES NO QUISO RESOLVER LA BRONCA FERROCARRILERA: SE LA HEREDO A SU SUCESOR...

ANTES DE SALIR, DEJÓ DICHO QUE SU SUCESOR IBA A SER OTRO ADOLFO, SU SECRETARIO DEL TRABAJO: ADOLFO LÓPEZ MATEOS, EL JOVEN. Y EL VIEJO SE RETIRÓ A JUGAR DOMINÓ Y SEGUIR FRE-CUENTANDO LOS BURDELES DEL PUERTO JAROCHO QUE, DICEN, ADMINISTRABA DOÑA MARÍA, SU MUJER. ASÍ MERO FUE, PARIENTE...

ACTO DE PROTESTA DEL CANDIDATO DEL PRI

BOM CMT CCM MAC

CTO FUL CRM FIMT

AUDIFFRED

Desde luego, el PRI hacía todo el teatro de que "las bases" del Partido eran las que escogían al candidato, lo que nadie se creía, aunque todos hacían como si se lo creyeran... Era una obra de teatro del disimulo...

Ya para entonces la gente se había desilusionado del PRI y, y se acuñaron los términos *la cargada, la adhesión, acarreados y el tapado* que Abel Quezada manejó magistralmente en sus cartones dándole gran popularidad a López Mateos, que le pagó con una concesión petrolera.

1958
1964

LÓPEZ MATEOS NI SIQUIERA ERA DEL PRI, PERO HABÍA SIDO SECRETARIO DEL TRABAJO CON RUIZ CORTINES, A QUIEN LE GUSTÓ SU FORMA DE TRABAJAR. ALM VENÍA DE LAS FILAS DEL *VASCONCELISMO* Y TENÍA IDEAS LIBERALES, AL GRADO QUE LLEGÓ A DECIR "mi gobierno es de extrema izquierda..dentro de la Constitución." ESO ASUSTÓ A LOS EMPRESARIOS,QUE YA LO ESTABAN POR LOS BARBONES CUBANOS...

CON SUS NATURALES "PEROS", LÓPEZ MATEOS LLEVÓ A CABO UN GOBIERNO *PASABLE*. NACIONALIZÓ LA COMPAÑÍA DE LUZ, QUE LUEGO DESTRUIRÍA CALDERÓN > RECUPERÓ PARA MÉXICO EL *CHAMIZAL* > NO ROBÓ > FUNDÓ EL ISSSTE > CREÓ LOS DESAYUNOS ESCOLARES > VIAJÓ A LA INDIA, INDONESIA, FILIPINAS, YUGOSLAVIA, EGIPTO, PAÍSES TODOS "NO ALINEADOS", LO QUE NO FUE BIEN VISTO POR LOS GRINGOS, LO MISMO QUE HABER TENIDO BUENAS RELACIONES CON CUBA Y LA URSS.

Viajó tanto que el pueblo lo bautizó como *López Paseos*.

Los "PEROS" de López Mateos : Feroz represión contra los Ferrocarrileros, encarcelamiento de Siqueiros y Filomeno Mata, asesinato de Rubén Jaramillo y su familia, e inventor de los plurinominales.

Como se acostumbraba, López Mateos, ya muy enfermo, nombró su sucesor a su Secre de Gobernación, Díaz Ordaz. Por ello el poeta Renato Leduc le dedicó estos versos malintencionados :
YA TE VAS, LÓPEZ MATEOS, Y TE VAS HACIENDO FEOS :
NOS DEJAS A DÍAZ ORDAZ..

F. DOLORES VALDÉS DE LANZ DURET ● MÉXICO, D. F., LUNES 4 DE NOVIEMBRE DE 1963 ● LINCOLN VALDES DELRIS ▼ NÚMERO

Proclamó el Sector Obrero la Candidatura del Lic. Díaz Ordaz

La Auscultación es Favorable a GDO

Breves Datos Biográficos

La Ratificarán hoy en la Junta del PRI

1964
1970

EL CANDIDATO DEL S.T.P.C.

"POR UN CINE MEJOR"

DESDE QUE FUE SU SECRETARIO EN GOBERNACIÓN, EL FEUCHO GUSTAVITO –COMO LO LLAMABA LÓPEZ MATEOS– SE COMPORTÓ COMO UN ARBITRARIO BURÓCRATA QUE QUERÍA IMPONER SU AUTORIDAD EN VEZ DE DIALOGAR. ERA DE ESOS SERES QUE NO SABEN ESCUCHAR Y GOZAN CALLANDO A LA GENTE. NADIE SE EXPLICA POR QUÉ LO PUSIERON DE PRESIDENTE Y SOSPECHO QUE FUE EL PRIMER PRESIDENTE QUE LLEGÓ POR ESCALAFÓN.

CONOCÍ Y TRATÉ A DÍAZ ORDAZ, POCO AFORTUNADAMENTE...
ERA UN TIPO RENCOROSO Y ACOMPLEJADO POR SU FEALDAD, QUE
LLEGÓ A DECIR QUE SUS PEORES ENEMIGOS ERAN RENATO LEDUC Y
"ESE DIBUJANTILLO RIUS", POR LAS CARICATURAS QUE LE HACÍA EN
LA REVISTA *POLÍTICA*. OTRO CHISTE QUE SE LE ATRIBUÍA AL BUEN
RENATO FUE HABER DICHO DE DÍAZ ORDAZ QUE *"ERA FEO POR
FUERA Y POR DENTRO"*. Y NO ESTABA EQUIVOCADO...

DIAZ ORDAZ INICIÓ MAL SU GOBIERNO. ERA INTRANSIGENTE, INCAPAZ DE DIALOGAR, Y UN PEQUEÑO PROBLEMA MÉDICO ENTRE LOS PRACTICANTES DEL SEGURO SOCIAL, LO CONVIRTIÓ EN UN CONFLICTO NACIONAL QUE REPRIMIÓ FEROZMENTE. FUE UN AVISO DE LO QUE VENÍA...

Y ES QUE EL PRI HABÍA CONVERTIDO A LOS PRESIDENTES EN REYES INTOCABLES Y TODOPODEROSOS, COMO HÉROES NACIONALES. ESTE DIBUJO DE LA CAMPAÑA DE GDO, DONDE SE LE COMPARA A ZAPATA, LO DICE TODO. RESULTÓ HASTA MÁS GRANDE EL GDO...

UN CONFLICTO ESTUDIANTIL SIN IMPORTANCIA, SUSCITADO EN LA PREPA DE ENRICO MARTÍNEZ, EN EL D.F., MAL ATENDIDO, FUE CRECIENDO HASTA VOLVERSE UN MOVIMIENTO ESTUDIANTIL QUE HIZO TEMBLAR AL GOBIERNO... Y TODO LO QUE PEDÍAN LOS MUCHACHOS ERA CASTIGO PARA LOS POLICÍAS QUE LOS HABÍAN GOLPEADO... DÍAZ ORDAZ SE NEGÓ A COMPLACERLOS, PUES SU PALABRA FAVORITA ERA NO.

EN MÉXICO NO SE ACOSTUMBRABA HACERLES CARICATURAS A LOS PRESIDENTES.

Este cartón lo hice en la revista *Política* cuando Díaz Ordaz era apenas candidato del PRI, pero causó sensación : lo menos que dijeron en los medios políticos, es que era una falta de respeto al secre de Gobernación. Al director le dieron la gran regañada..y a mí no me hicieron nada, de momento: me lo guardaron para el 29 de enero de 1969.

SECUESTRO POR LA POLICÍA DE GOBERNACIÓN Y SIMULACRO DE FUSILAMIENTO POR EL H. EJÉRCITO. ASÍ SE LAS GASTABAN LOS MUCHACHOS DEL PRI...

Grafica del 68

49

¿ quién ordenó la matanza de Tlatelolco ?

DIAZ ORDAZ SE DECLARÓ COMO EL ÚNICO CULPABLE, PERO LA HISTORIA ACLARÓ QUE SU SECRETARIO DE GOBERNACIÓN COMPARTIÓ EL CRIMEN.

Grafica del 68

LA MATANZA DE TLATELOLCO ASUSTÓ AL MUNDO ENTERO. PERO EN MÉXICO, NINGÚN DIPUTADO, NINGÚN SENADOR, NINGÚN GOBERNADOR, JUEZ O MAGISTRADO –TODOS DEL PRI– PROTESTÓ NI SALIÓ EN DEFENSA DE LOS ESTUDIANTES MUERTOS.

POR ESO: **2 DE OCT. NO SE OLVIDA**

A DÍAZ ORDAZ NADIE LO OLVIDA

...Y A SU MAMÁ TAMPOCO!

(QUE NO SE NOS OLVIDE QUE EL 2 DE OCTUBRE LO HIZO EL PRI...)

HASTA MIS MEJORES MULAS SE ME ESTÁN ECHANDO

DÍAZ ORDAZ SE ARREPINTIÓ TODA SU VIDA POR HABER DEJADO EN EL PODER A LUIS ECHEVERRÍA. NO POR LA LOCURA DE GOBIERNO QUE HIZO SU ANTIGUO AMIGO, SINO POR NO HABERLE CUIDADO LAS ESPALDAS, COMO DEBERÍAN HACERLO TODOS LOS PRESIDENTES CON EL QUE LES PUSO EN LA SILLA PRESIDENCIAL.

LEA LE VOLTEÓ LA ESPALDA

CARLOS MADRAZO, GERENTE DEL PRI, FUE UN POLÍTICO QUE COM-
PRENDIÓ LO QUE ESTABA PASANDO EN MÉXICO. Y SE LO HIZO
SABER A DÍAZ ORDAZ QUE, COMO ERA SU COSTUMBRE, NO LO TOMÓ
EN CUENTA. MADRAZO SE VOLVIÓ ENTONCES CASI UN AGITADOR QUE
RECORRÍA EL PAÍS PIDIENDO CAMBIOS. EN EL MISMO PRI,
TODAVÍA HAY QUIENES CREEN QUE LO MATARON EN EL AVIONAZO DE
MONTERREY, JUNTO CON EL PELÓN OSUNA...

AQUI NOMAS MI CHICHARRON TRUENA ≡GDO

Grafica del 68

DIAZ ORDAZ LLENÓ LAS CÁRCELES CON PRESOS POLÍTICOS. MAESTROS,
ESTUDIANTES, LÍDERES OBREROS Y POLÍTICOS. FALTÓ SOLO QUE EN LA
PUERTA DE LECUMBERRI PUSIERAN ·N O H A Y C U P O·

El gobierno de Díaz Ordaz ha sido, sin lugar a dudas uno de
los peores que hemos vivido en México. Iba bien, hay que
decirlo, sobre todo en lo económico –tenía en Ortiz Mena a
un buen economista– pero en cuanto le salió lo autorita-
rio y represivo, atizado por su anticomunismo pedestre y
fanático, se le echó a perder el sexenio.

PARA LOS MEDIOS, 1968 Y LA NEGRA NOCHE DE TLATELOLCO, FUERON EL GRAN NEGOCIO. NO POR LO QUE PUBLICARON O DIJERON. SINO POR LO QUE **NO** PUBLICARON O DIJERON...

¿ le tocó algo al lic. Zabludovsky ?

Grafica del 68

1968 ⌘PIE
AÑO DE LA PRENSA VENDIDA

EL HERMANO MAYOR NOS VIGILA...

(..Y NOS IDIOTIZA..)

53

DIAZ ORDAZ ACABÓ A DURAS PENAS SU GOBIERNO. TRATÓ DE VIVIR EN MÉXICO TRANQUILAMENTE, PERO NO LO LOGRÓ: DONDEQUIERA QUE IBA ERA RECIBIDO CON CHIFLIDOS Y MENTADAS, PUES, ADEMÁS ECHEVERRÍA HIZO TODO POR ECHARLE LA CULPA, CERRÁNDOLE LOS MEDIOS PARA QUE NO PUDIERA DEFENDERSE DE NADA.
OPTÓ ENTONCES DON GDO POR IRSE A ESPAÑA, APROVECHANDO EL NOMBRAMIENTO QUE LE HIZO LEA COMO EMBAJADOR.

PERO OCURRIÓ LO INCREÍBLE: EN LA MISMA ESPAÑA DE FRANCO, SU ADMIRADO FRANCO, SU PRESENCIA EN PÚBLICO ERA RECIBIDA IGUAL QUE EN MÉXICO, AUNQUE CON OTRO TIPO DE MENTADAS. ASÍ QUE EL DIENTÓN ENTREGÓ SUS CREDENCIALES Y AL TERCER DÍA SE REGRESÓ A MÉXICO SIN AVISARLE A NADIE QUE DEJABA DE SER EM-BAJADOR. MEDIO CIEGO Y ENFERMO, MURIÓ AL POCO TIEMPO EN MÉXICO, ENTRE APLAUSOS Y VÍTORES, DIJO LA PREN$A.

PARECÍA QUE EL GOBIERNO DE ECHEVERRÍA IBA A SER LO CONTRARIO DEL SEXENIO DE DÍAZ ORDAZ. EL OTRORA CALLADO SECRETARIO DE GOBERNACIÓN, TAIMADO E INTROVERTIDO, SE CONVIRTIÓ DE PRONTO AL TOMAR POSESIÓN, EN UN INDIVIDUO HABLANTÍN, EXTROVERTIDO, INCAPAZ DE ESTARSE EN PAZ (para que haga verso) Y QUE TRABAJABA COMO LOCO 25 HORAS AL DÍA A TODA VELOCIDAD...

Speedy GONZÁLEZ LE QUEDABA CHICO.

→ ECHEVERRÍA QUISO LIMPIAR SUS MANOS DE LA SANGRE DE TLATELOLCO, PIDIENDO UN MINUTO DE SILENCIO POR LOS CAÍDOS EL DOS DE OCTUBRE EN LA UNIV. DE MORELIA. LUEGO SE METIÓ A LA C.U. DE DONDE LO CORRIERON A PEDRADAS POR CÍNICO...

HELIO FLORES

Y PEOR TODAVÍA, ECHEVERRÍA PARECÍA QUE HABÍA CAMBIADO POR COMPLETO SU IDEOLOGÍA Y SE HABÍA VUELTO ROJILLO Y COMUNISTA: APOYO IRRESTRICTO A CUBA, AMNISTÍA A TODOS LOS PRESOS POLÍTICOS, APOYO A SALVADOR ALLENDE EN CHILE, INCORPORACIÓN DE LÍDERES ESTUDIANTILES EN SU GABINETE...Y CARLOS FUENTES SE FUE CON LA FINTA Y LLAMÓ A APOYAR A ECHEVERRÍA AL GRITO DE
¡ECHEVERRÍA O EL FASCISMO...!!

(O EL CAMBIO DE PIEL de CADA SEXENIO...DE CARLITOS..)

TRATABA ECHEVERRÍA DE DISTANCIARSE DEL 68, PERO EL PRIMER ACTO REPRESIVO DE SU GOBIERNO FUE OTRA MATANZA DE ESTUDIANTES EN LA NORMAL DE MAESTROS, EL 10 DE JUNIO DE 1970. LE ECHÓ LA CULPA A MARTÍNEZ DOMÍNGUEZ, EL REGENTE, Y LO BOTÓ DEL CARGO. AUNQUE "SE LE OLVIDÓ" CONSIGNARLO COMO CULPABLE...

DE TODO ESO YA NO SE ACUERDA... Y MUCHO MENOS DE LO QUE PASÓ EL 2 DE OCTUBRE DEL 68. ES AL ÚNICO QUE SE LE OLVIDÓ...

ECHEVERRÍA ERA LA ESQUIZOFRENIA: POR UN LADO IBA A CUBA Y SE DABA DE BESOS CON FIDEL CASTRO, Y POR EL OTRO REPRIMÍA LAS MANIFESTACIONES Y LAS ACTIVIDADES DE LOS COMUNISTAS MEXICANOS A FAVOR DE CUBA EN EL EXTRANJERO ERA SOCIALISTA Y EN MÉXICO PERSEGUÍA TODO LO QUE OLÍA A IZQUIERDA.

→ FUE NOTABLE EL APOYO AL CHILE PRO-SOCIALISTA DE ALLENDE, Y LAS PUERTAS ABIERTAS DE MEXICO PARA LOS REFUGIADOS DE CHILE, URUGUAY, ARGENTINA O BRASIL QUE LLEGABAN HUYENDO DE LAS DICTADURAS. COMO HIZO CARDENAS EN 1939 CON ESPAÑA.

TODO ELLO NOS HACE PENSAR QUE ---

LA DE IZQUIERDA ERA SOLO LA COMPAÑERA MA-ESTHER..

DESDE EL GOBIERNO DE LOPEZ MATEOS, EL DESCONTENTO POPULAR, LA ENTREGA DEL PAÍS A LA INVERSIÓN EXTRANJERA Y LA CARESTÍA QUE VOLVÍA MÁS POBRES A LOS POBRES, HICIERON QUE VARIAS GENTES BUSCARAN CAMINOS MÁS RADICALES PARA HACER OIR SU DESCONTENTO: LOS CAMINOS DE LA GUERRILLA.
GENARO VÁZQUEZ Y LUCIO CABAÑAS SE SUBIERON A LA SIERRA DE GUERRERO TRATANDO DE IMITAR A LOS BARBUDOS GUERRILLEROS CUBANOS.

A ECHEVERRÍA LE TOCÓ EL FLORECIMIENTO DE LAS GUERRILLAS Y TAMBIÉN LA LIQUIDACIÓN –FEROZ– DE LOS GUERRILLEROS, MEDIANTE LA GUERRA SUCIA de los 70's.

LUIS ECHEVERRÍA ÁLVAREZ RESULTÓ SER, CON MUCHA VENTAJA, EL PRESIDENTE MÁS REPRESOR QUE HEMOS TENIDO. ASOCIADO CON LOS MILITARES MÁS SALVAJES, HIZO DESAPARECER A CIENTOS DE JÓVENES, A CIENTOS DE CAMPESINOS DE GUERRERO, MUCHOS DE ELLOS LANZADOS VIVOS AL MAR DESDE AVIONES MILITARES POR PROTEGER A LOS GUERRILLEROS, NO SIN ANTES QUEMAR Y DESTRUIR SUS CASAS. ESO FUE LA GUERRA SUCIA...

59

DESEOSO DEL APLAUSO DE LOS INTELECTUALES LOS LLENÓ DE BECAS, ORDENÓ LA EDICIÓN DE SUS OBRAS, LOS TRAÍA A CENAR A LOS PINOS Y SE LOS LLEVABA DE VIAJE A DONDEQUIERA QUE IBA. ENTRE LOS PASAJEROS IBAN LOS QUE LUEGO SE CONVIRTIERON EN CRÍTICOS DE SUS LOCURAS.

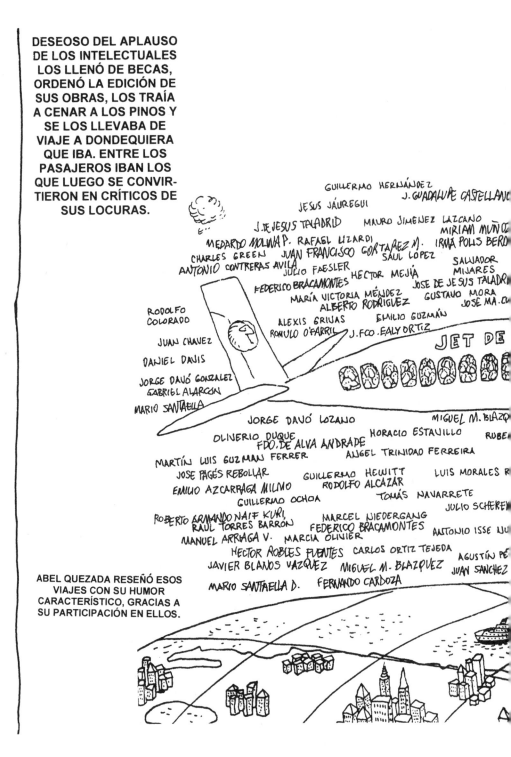

ABEL QUEZADA RESEÑÓ ESOS VIAJES CON SU HUMOR CARACTERÍSTICO, GRACIAS A SU PARTICIPACIÓN EN ELLOS.

60

ECHEVERRÍA RESULTÓ UN FRENÉTICO DERROCHADOR DEL DINERO PÚBLICO: SE PASÓ SU SEXENIO INVENTANDO FIDEICOMISOS Y NUEVAS EMPRESAS PARAESTATALES, ORDENANDO A SU GABINETE TODA CLASE DE LOCURAS SIN NINGÚN RESULTADO POSITIVO PARA LA ECONOMÍA, EXCEPTO PARA LA SUYA. ACABÓ SU SEXENIO CONVERTIDO EN MILLONARIO, LATIFUNDISTA Y CON PROPIEDADES EN TODO EL PAÍS. FUE FIEL A SU LEMA: "ARRIBA Y ADELANTE"...

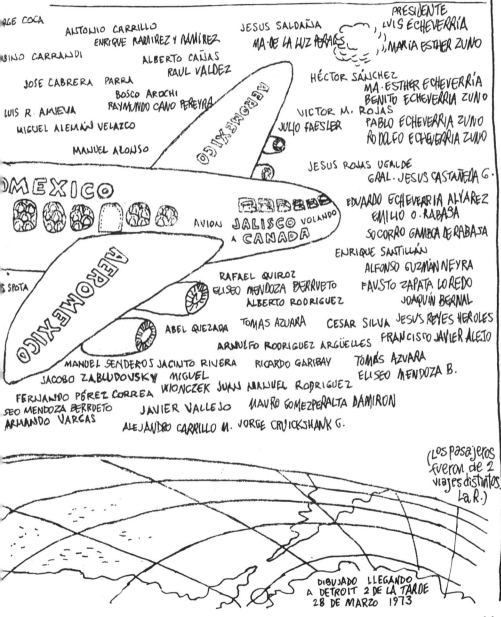

RGE COCA
ANTONIO CARRILLO
ENRIQUE RAMIREZ Y RAMIREZ
BINO CARRANDI
ALBERTO CAÑAS
RAUL VALDEZ
JOSE CABRERA   PARRA
BOSCO AROCHI
LUIS R. AMIEVA   RAYMUNDO CANO PEREYRA
MIGUEL ALEMÁN VELAZCO
MANUEL ALONSO

JESUS SALDAÑA
MA. DE LA LUZ PERALES
PRESIDENTE
LUIS ECHEVERRÍA
MARÍA ESTHER ZUNO

HÉCTOR SÁNCHEZ
MA. ESTHER ECHEVERRÍA
BENITO ECHEVERRIA ZUNO
VICTOR M. ROJAS
JULIO FAESLER   PABLO ECHEVERRIA ZUNO
RODOLFO ECHEVERRIA ZUNO

MEXICO

AVION JALISCO VOLANDO A CANADA

JESUS ROJAS UGALDE
GRAL. JESUS CASTAÑEDA G.
EDUARDO ECHEVERRIA ALVAREZ
EMILIO O. RABASA
SOCORRO GAMBOA DE RABASA
ENRIQUE SANTILLÁN
ALFONSO GUZMÁN NEYRA

S SPOTA
RAFAEL QUIROZ
ELISEO MENDOZA BERRUETO   FAUSTO ZAPATA LOREDO
ALBERTO RODRIGUEZ   JOAQUÍN BERNAL
ABEL QUEZADA   TOMAS AZUARA   CESAR SILVA   JESUS REYES HEROLES
ARNULFO RODRIGUEZ ARGÜELLES   FRANCISCO JAVIER ALEJO
MANUEL SENDEROS JACINTO RIVERA   RICARDO GARIBAY   TOMÁS AZUARA
JACOBO ZABLUDOVSKY   MIGUEL   ELISEO MENDOZA B.
FERNANDO PÉREZ CORREA   WIONCZEK JUAN MANUEL RODRIGUEZ
SEO MENDOZA BERRUETO   MAURO GOMEZPERALTA DAMIRON
ARMANDO VARGAS   JAVIER VALLEJO
ALEJANDRO CARRILLO M. JORGE CRUICKSHANK G.

(Los pasajeros fueron de 2 viajes distintos. La R.)

DIBUJADO LLEGANDO A DETROIT 2 DE LA TARDE 28 DE MARZO 1973

SIN EMBARGO,
HAY Q. DECIRLO,
EN DONDE NO
METIÓ MANO
ECHEVERRÍA,
HUBO BUENOS
RESULTADOS.

EL CINE, POR
EJEMPLO, LAS
BUENÍSIMAS
EXPOSICIONES
DEL ARTE
PREHISPÁNICO
EN EL
EXTRANJERO,
EL LIBRO DE
TEXTO GRATUITO,
ETCÉTERA.

Y DADA SU
ESQUIZOFRENIA,
EL CONTRASTE:
EL ASALTO AL
PERIÓDICO
EXCELSIOR
DE DON JULIO
SCHERER..

USTEDES SON LAS... BUENO SON LAS PRESUNTAS DIPUTADAS?

YES

MARISCAL DOS EQUIS DEL NOPAL, LAS ONCE MIL VÍRGENES QUIEREN AUDIENCIA

AB.

NO SOY ESQUIZO, SOY VERSÁTIL

SI ES CIERTO QUE EL PODER ENLOQUECE,
LA MEJOR PRUEBA DE ELLO ES LUIS
ECHEVERRÍA. UNA DE SUS ÚLTIMAS
LOCURAS FUE ROMPER RELACIONES
CON ESPAÑA...¡CON LA QUE NO
TENÍAMOS RELACIONES! QUISO
SER PREMIO NOBEL DE LA
PAZ, DIRIGENTE DE LAS
NACIONES UNIDAS (O DE
PERDIDA DE LOS PAÍSES
NO ALINEADOS) SIN
LOGRARLO. AL PRI
LE DA VERGÜENZA
RECONOCER QUE
LEA ERA PRIISTA,
PERO NO LO HA
DICHO TODAVÍA.

...LEA LE HEREDÓ LA SILLA
A SU CUATE LÓPEZ PORTILLO

1976-1982

A LÓPEZ PORTILLO SE LE PUEDE DEFINIR SIN DESPERDICIO COMO UEL PRESIDENTE FRÍVOLO

Todo su sexenio fue una gran demostración familiar de egos y vanidades, llevadas a cabo por él y su esposa Carmen (y su hermana Margarita, la *Pésima Musa*), sus hijitos y su amigo de la infancia Alfonso *El Negro* Durazo, corrupto y asesino por más señas.

¿ Y no hizo Ministro a su querida Rosa Luz Alegría ? ¿ Y ya se nos olvidaron las fiestotas de 1500 invitados para celebrar bodas y cumpleaños familiares ?

¡ Hasta al Papa se trajo para que conociera México...!

LOPEZ PORPILLO TUVO LA SUERTE DEL DESCUBRIMIENTO EN EL SURESTE MEXICANO DE RIQUÍSIMOS MANTOS PETROLEROS. NUESTRO PROBLEMA, DIJO, ES AHORA APRENDER A ADMINISTRAR LA ABUNDANCIA. POR DESGRACIA, NO LO SUPO HACER, PORQUE EL POBRE JOLOPO, NO SABÍA HACER NADA...

RECTIFICAMOS: SI SUPO ADMINISTRAR LA ABUNDANCIA PERO AL PURO ESTILO PRI: EN PROVECHO PROPIO...

...ASÍ ME DEJÓ LA ÉPOCA DE LA ABUNDANCIA......

ARIAS BERNAL

PARA QUE NO LO ACUSARAN DE FRÍVOLO CONSERVADOR, APOYÓ A LOS COMPAS SANDINISTAS DE NICARAGUA, AL MISMO TIEMPO QUE FIRMABA CON EL FMI LA ENTREGA DE NUESTRA ECONOMÍA, APROBABA EL IVA, Y EN UN RAPTO DE PATRIOTISMO VIRIL Y NACIONALISTA NACIONALIZABA LA BANCA DEL PAÍS, LA MITAD DE LA CUAL ERA YA NACIONAL. TODO CON LA COMPLICIDAD (PAGADA) DE LOS MEDIOS. Y AL MISMO TIEMPO TRATABA DE ACABAR CON LA REVISTA PROCESO.

¿SABES UNA COSA? TÚ SÍ ME COMPRENDES...

GRAN PRENSA

A SU SOMBRA MEDRARON LOS POLÍTICOS. UNA MUESTRA EL PROFE HANK GONZÁLEZ. Y LOS TORTURADORES MÁS SINIESTROS (TANÚS, NAZAR HARO, SAHAGÚN BACA, OBREGÓN LIMA) Y LA NO MENOS SINIESTRA BANDA DE ASESINOS LLAMADA LA BRRIGADA BLANCA, HERENCIA DE ECHEVERRÍA, A QUIEN ACABÓ MANDANDO AL CARAXO COMO EMBAJADOR EN LAS ISLAS FIDJI...¿DÓNDE QUEDAN?

66

→ ANTE EL EJEMPLO PRESIDENCIAL, LA CORRUPCIÓN LLEGÓ A TODA LA SOCIEDAD POR CONTAGIO. DESDE ENTONCES LA IMPUNIDAD TOMÓ CARTA DE CIUDADANÍA MEXICANA.

LA DESILUSION SOMOS TODOS

ANTES DE RETIRARSE A SU MODESTA COLINA DEL PERRO, DON PEPE DEJÓ DICHO QUE EL SIGUIENTE PRESIDENTE SERÍA OTRO INÚTIL DE NOMBRE Miguel De La Madrid Hurtado. KEEP SMILING...

QUEZADA

1982 1988

DE ACUERDO CON EL ACUERDO QUE FIRMÓ LOPEZ PORTILLO CON EL FMI (FONDO MONETARIO INTERNACIONAL), EL PAÍS PASÓ A SER ADMINISTRADO POR EL SUSODICHO FONDO, QUEDANDO AL FRENTE DEL NEGOCIO LLAMADO MÉXICO, S. A. EL QUE HABÍA FIRMADO COMO SECRETARIO DE HACIENDA, DON MIGUEL DE LAMADRID HURTADO... Y A PARTIR DE 1982 GERENTE GENERAL, VULGO PRESIDENTE DE LOS ESTADOS UNIDOS MEXICANOS, SOCIEDAD ANÓNIMA DE CAPITAL VARIABLE.

¡ LA ERA DEL NEOLIBERALISMO SE ESTABA INICIANDO, A DIOS GRACIAS !

¡EfeEmei rima con PRI..!!!

LA DOCENA TRÁGICA TERMINÓ SIN RESOLVER NINGÚN PROBLEMA; COMO ES COSTUMBRE MEXICANA, EL SUCESOR SE VA A ENCARGAR –SE SUPONE– DE RESOLVERLOS O DEJARLOS PARA EL QUE SIGUE. ES LO QUE SE LLAMA *CONTINUISMO*...

LA OTRA COSTUMBRE MEXICANA ES NOMBRAR A UN SUCESOR QUE CUIDE LAS ESPALDAS DEL ANTECESOR, Y ASÍ HASTA EL INFINITO... ADEMÁS DE LOS GUARURAS (GUARDAESPALDAS) QUE LO CUIDAN, EL NUEVO PRESI DEBE CONVERTIRSE EN GUARURA DEL QUE LO PUSO Y CALLAR TODO LO QUE LE SABE... Y QUE LA IMPUNIDAD SIGA SU MARCHA...

TAMBIÉN COMO HA SIDO COSTUMBRE DESDE REMOTOS TIEMPOS, PARTE DEL NUEVO GOBIERNO LO FORMAN FUNCIONARIOS DEL ANTERIOR. LAS CARAS SE REPITEN, LAS MAÑAS SE REPITEN, LAS INEPTITUDES SIGUEN EN EL PODER, JUNTO CON LA IMPUNIDAD. > MIKE METIÓ A LA CÁRCEL AL NEGRO DURAZO Y A DÍAZ SERRANO, EL DE PEMEX, EN VEZ DE HACERLO CON EL VERDADERO CULPABLE, QUE ERA LÓPEZ PORTILLO...

69

LOS 12 AÑOS DE DESPILFARRO ECONÓMICO DE ECHEVERRÍA Y JOLOPO QUE LLEVARON AL PAÍS A LA QUIEBRA Y LO CONVIRTIERON EN CLIENTE-REHÉN DEL BANCO MUNDIAL, EL FONDO MONETARIO INTERNACIONAL (Y OTROS CHUPASANGRE), SE COMPLEMENTARON CON EL SEXENIO FALLIDO DE DON MIKE...

con él se comenzó a implantar en México el pinche Neoliberalismo

Thank you..

70

CADA DEVALUACIÓN QUE SE DA EN MÉXICO SIRVE ADEMÁS PARA ENRIQUECER A BUENA PARTE DEL GOBIERNO.

PREVIO AL AVISO OFICIAL DE UNA DEVALUACIÓN, SE LES COMUNICA EN SECRETO A BANQUEROS, AMIGOS, FUNCIONARIOS DEL PRI, ETC. PARA QUE COMPREN TODOS LOS DÓLARES QUE PUEDAN Y SE BENEFICIEN CON EL NUEVO TIPO DE CAMBIO...

TANTO LÓPEZ PORTILLO COMO MIKE, PROMETIERON DAR A CONOCER LA LISTA DE LOS SACADÓLARES, PERO ES HORA DE QUE TODAVÍA NO LO HACEN.

¡QUÉ TRISTE QUE "NUESTROS" PRESIDENTES SEAN LÍDERES, PERO EN LO MALO; QUE SEAN LOS PRIMEROS EN ROBAR Y BURLARSE DE LAS LEYES...

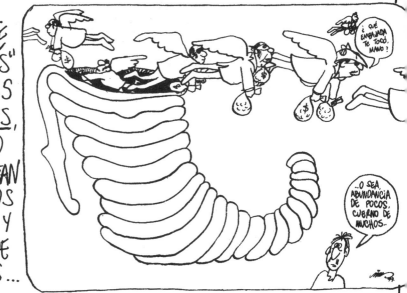

SIENDO YA EL FMI EL ENCARGADO DE LA ECONOMÍA, DIO ÓRDENES DE VENDER TODAS LAS EMPRESAS PARAESTATALES DEPENDIENTES DEL GOBIERNO, Y AQUELLO SE VOLVIÓ UNA ENORME VENTA DE GARAGE QUE, POR SUPUESTO BENEFICIÓ A MUCHOS DEL MISMO GOBIERNO. DURANTE EL SEXENIO DE MMH, EL GRIS

CON DE LA MADRID LA CORRUPCIÓN LLEGÓ AL MISMO NIVEL QUE LA **INFLACIÓN**: HASTA LAS NUBES..

73

EL TERREMOTO DE 1985 MOSTRÓ A UN GOBIERNO INCAPAZ DE RESOLVER LAS COSAS Y QUE ADEMÁS ERA BALACEADO POR EL FUEGO AMIGO DE CARLOS SALINAS DE GORTARI, SECRETARIO DE PROGRAMACIÓN Y PRESUPUESTO, QUE SABIENDO YA QUE SERÍA EL PRÓXIMO PRESIDENTE, HACÍA MAL LAS COSAS PARA PRESENTARSE DESPUÉS COMO EL "SALVADOR" DEL PAÍS.

DE LA MADRID NO TUVO QUE ESCOGER A SU SUCESOR: EL FMI SE ENCARGABA YA DE HACERLO EN VEZ DEL PRI.

El siguiente mandamás sería Carlos Salinas de Gortari, el Maquiavelo de Agualegüas, N.L.

CON LA CAÍDA DEL SISTEMA POR PARTE DE GOBERNACIÓN, en 1988
TUVIMOS EN MÉXICO EL **PRIMER** FRAUDE ELECTORAL DE LA
ÉPOCA MODERNA (EL SEGUNDO SERÍA EL DE CALDERÓN).

MEXICO LO ELIGIO ■ Helguera

ES DIFÍCIL ENCONTRAR EN LA HISTORIA DE MÉXICO UN GOBIERNO TAN NEFASTO COMO EL DE **CARLOS SALINAS DE GORTARI (**1988–1994)
QUE HA SIDO CALIFICADO POR LA HISTORIA COMO

VENDEPATRIAS
DEMAGOGO
GRAN REPRESOR
CORRUPTÍSIMO
INTRIGANTE
Y ESPURIO
(entre otras cosas)

PARA TRATAR DE LEGITIMIZAR SU GOBIERNO, METIÓ A LA CÁRCEL AL CORRUPTO LÍDER PETROLERO LA QUINA, (POR HABER APOYADO A CÁRDENAS), PERO SE HIZO PATO CON LOS OTROS LÍDERES CORRUPTOS HIJOS DE FIDEL VELÁZQUEZ, EL MÁS CORRUPTO DE TODOS.

(Y SE ENTENDIÓ DE MARAVILLAS CON LOS NARCOS...)

PATRICIO

..Y UNA GRAN NOVEDAD:
↓
¡ UN PLAN NACIONAL DE DESARROLLO !

MARCHA AL MAR

PLAN GLOBAL DE DESARROLLO

SEGURO SOCIAL

PLAN HUASTECA

RETIRO DE UTILIDADES

CANASTA BÁSICA DEL MEXICANO

ALIANZA PARA LA PRODUCCIÓN

PACTO DE OCAMPO

REFORMA AGRARIA

INFONAVIT

SAM

¡ NUEVECITO !

PLAN

76

ENTRE LAS LINDURAS QUE HIZO EN SU SEXENIO, DESTACAN:
SUBIÓ AL PODER MEDIANTE UN FRAUDE ELECTORAL.
VENDIÓ CON GANANCIA TELMEX Y CANANEA.
REGRESÓ LOS BANCOS A SUS RICOS DUEÑOS.
CAMBIÓ LA CONSTITUCIÓN Y SE ARREGLÓ CON EL VATICANO.
LE HIZO 300 MUERTOS AL PRD.

SE ENTENDIÓ CON EL PAN PARA SUBIR AL PODER.
VENDIÓ AL PAÍS MEDIANTE EL TLC.
PERMITIÓ EL ENRIQUECIMIENTO ILÍCITO DE SU FAMILIA.

EL GRAN DIARIO DE MEXICO

FUNDADO EN 1916

Circulación certificada por ██ (Certified Audit of Circulations, Inc.)

Juan FRANCISCO EALY ORTIZ • NUMERO 27,938 • MEXICO, D. F., JUEVES 24 DE MARZO DE 1994 • AÑO LXVIII TOMO CCLVIII C.P. DANIEL LOPEZ BARROSO

RESULTADOS
De lunes a sábado: 8:30 pm.
domingos 8:00 de la noche

sesinan en Tijuana, de dos disparos, a Luis Donaldo Colosio

nsa contra todos, el crimen;
o, la investigació...

Recibió en cabeza y abdomen los impactos; el homicida, detenido

Y YA PARA ACABAR SU SEXENIO, QUE SE LE JUNTA TODO AL PELÓN: COLOSIO, CHIAPAS-EZLN Y "SU" T.L.C.

Más de lo mismo
Por Helioflores

PRD 1988-1994

HELIOFLORES

LaJorna

■ San Cristóbal y otras 3 ciudades, ocupa

Sublevació en Chiapas

■ Se proponen los alzados avanzar al DF y deponer a Salinas
■ Llama Gobernación a la cordura y al diálogo dentro de la ley
■ Los obispos Tuxtla y Tapac dispuestos a m

YO NO LUCRO CON LA MUERTE DE COLOSIO

I ❤ COLOSIO PERO ME TUVE QUE CONFORMAR CON ZEDILLO

DE EL CHAMUCO

LOS ASESINATOS DE COLOSIO Y DE RUIZ MASSIEU, LA CUASI GUERRA EN CHIAPAS Y LA CRECIENTE DELINCUENCIA DE LOS NARCOS, HABÍAN GENERADO UN CLIMA DE TEMOR. ~> LA CAMPAÑA CARÍSIMA DE ZEDILLO, HECHA POR PUBLICISTAS GRINGOS, FUE PLANEADA BUSCANDO EL VOTO DEL MIEDO ~> QUE LOS CIUDADANOS VOTARAN "POR LA PAZ"... (QUE SOSPECHO REPETIRÁN EN EL 2012..)

YO VOTÉ POR LA PAZ

EL FISGÓN

DE ZEDILLO ERNESTO

ÉL SÍ SABE CÓMO HACERLO...

ERNESTO ZEDILLO   PRI

EL FISGÓN

BIENESTAR PARA LA FAMILIA.

ERNESTO ZEDILLO   PRI

HERNÁNDEZ

80

Y A PESAR DE QUE EL PRIISTA ERA UN TIPO GRIS, MEDIOCRE, TAIMADO E HIPÓCRITÓN, GANÓ LAS ELECCIONES APOYADO ABIERTAMENTE POR LA GRAN TELEVISORA, QUE SE DEJABA VER YA COMO

LA GRAN ELECTORA

(EN LOS PAÍSES QUE ADMINISTRA EL FMI NO SE PERMITEN LOS PARTIDOS DE ESTADO TIPO PRI = EXIGEN PLURALISMO POLÍTICO; ASÍ QUE ZEDILLO RECIBIÓ LA ORDEN DE PRIVATIZARLO O TRONARLO.)

PROPIEDAD **PRI**VADA

¿ Y LO COMPRÓ Televisa ?

HELIO FLORES

HELIOFLORES

EL FISGÓN

81

ZEDILLO GOBERNÓ PRÁCTICAMENTE SIN EL PRI. NO INTERVINO EN EL NOMBRAMIENTO DEL CANDIDATO –LABASTIDA, UN POBRE DIABLO– Y FUE EL PRIMERO EN RECONOCER, ANTES QUE EL PRI, EL TRIUNFO ELECTORAL DE VICENTE FOX.

EL PARTIDO QUEDOSE ASÍ SIN CABEZA, SIN DIRECCIÓN.. Y EN 1997 PERDIÓ LA MAYORÍA EN EL CONGRESO Y PERDIÓ EL GOBIERNO DEL DISTRITO FEDERAL.. Y EN EL 2000 LA PRESIDENCIA DE LA REPÚBLICA... (CON EL APOYO DE ZEDILLO..)

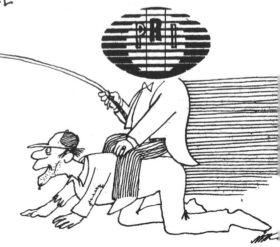

CUANDO TODO MUNDO CREÍA QUE SALINAS SE IBA A CON-
VERTIR EN **JEFE MÁXIMO** Y QUE MANEJARÍA A SU GUSTO A
ZEDILLO, ÉSTE LE SALIÓ RESPONDÓN Y HASTA METIÓ A LA
CÁRCEL A SU HERMANO RAÚL, ACUSADO DE ENRIQUECI-
MIENTO ILÍCITO Y DE HABER PARTICIPADO EN EL ASESINATO
DE RUIZ MASSIEU... Y POSIBLEMENTE DE COLOSIO.

EL GRAL. CALLES DECÍA EN SU
ÉPOCA: "NECESITAMOS QUE EL PAÍS
TENGA MÁS RICOS, PORQUE SOLO
TENEMOS 4 Ó 5...DEBEMOS CREAR MÁS
RICOS, PORQUE CON LA PURA
MISERIA NO VAMOS A PODER".
POR ESO EL PRI SE SOSTIENE CON EL
DINERO DE LOS RICOS, PORQUE LOS
POBRES NO LO PUEDEN SOSTENER.
Gral. Agustín Olaechea, ex jefe del PRI

• en protesta por el
embotellamiento de su
hermano, SALINAS inventó
el AYUNO ENTRE COMIDAS...

EL MEJOR RESUMEN DEL SEXENIO DE ZEDILLO LO HIZO SIN
DUDA EL SUP MARCOS :

" A LO LARGO DE ESTE SEXENIO SU MANDATO HA SIDO
UNA LARGA PESADILLA PARA MILLONES DE MEXICANAS
Y MEXICANOS: MAGNICIDIOS, CRISIS ECONÓMICA,
EMPOBRECIMIENTO MASIVO, ENRIQUECIMIENTO ILÍCITO Y
BRUTAL DE UNOS CUANTOS CON EL FOBAPROA, VENTA
DE LA SOBERANÍA NACIONAL, INSEGURIDAD PÚBLICA,
ESTRECHAMIENTO DE LIGAS ENTRE EL GOBIERNO Y EL
CRIMEN ORGANIZADO, CORRUPCIÓN, IRRESPONSABILIDAD,
GUERRA... Y CHISTES MALOS Y MAL CONTADOS. "

¡ Y de pilón ese
cabrón les vendió
los FERROCARRILES a
los gringos !

¿ZEDILLO FUE ENTONCES EL ÚLTIMO PRESIDENTE del PRI?

"FRANCISCO I. MADERO SERÍA HOY DEL **PAN**"
Pablo E. Madero

Y YO DEL PRI..

SIN EL APOYO DEL PRI EN EL CONGRESO, NI FOX NI CALDERÓN HUBIERAN PODIDO MEDIO GOBERNAR

Y NO OLVIDAR QUE, SIN EL APOYO DEL PAN A SALINAS EN EL 88, EL PELÓN NO HUBIERA PODIDO GOBERNAR.

DESDE ESE AÑO, A ESCONDIDAS, PAN Y PRI SE AMARON Y FORMALIZARON UNA ALIANZA, DE LA QUE CLOUTHIER NO SE ENTERÓ, PARA LA ALTERNANCIA EN EL **PODER**.

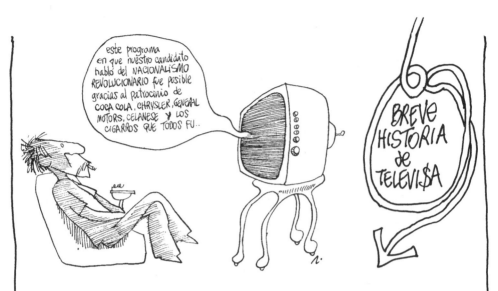

Televisa fue fundada en los años 50s por un grupo de empresarios y un Presidente de la República, Miguel Alemán, como parte del régimen político llamado PRI.

Azcárraga, su fundador, declaró públicamente que en Televisa eran "soldados del Presidente" y hacían programas para la gente jodida, para entretenerla, no para educarla. Su objetivo como negocio, no es hacer televisión sino vender mercancías.

Así, desde los años 50, Televisa como televisión abierta llega a todo el país gracias a sus 258 repetidoras y se mete al 95 % de los hogares mexicanos para decirle a la gente cómo tienen que divertirse, lo que tienen que comer y beber, cómo tienen que pensar y, fíjense bien muchachitos,
POR QUIÉNES TIENEN QUE VOTAR.

En un país donde la mitad de la población vive en la pobreza, aunque nunca falta una tele en casa, 50 millones de personas se enteran de lo que pasa en México y en el mundo, únicamente por lo que ven y oyen en la televisión abierta. No tiene acceso a sistemas de Cable, sólo a los canales de Televisa, Azteca y a veces Canal 11 (que nadie ve, prefieren la basura).

TELEVISA-Y SU VULGAR IMITADORA, AZTECA- HAN LOGRADO
DARLE DE COMER MIERDA A LA GENTE SIN QUE SE DE CUENTA:
PROGRAMAS MORBOSOS, SENSACIONALISTAS, CHABACANOS,
RAMPLONES, SENTIMENTALES... DIRIGIDOS SOBRE TODO A
LAS MUJERES DE LA CLASE BAJA O REGULAR EL PARCHE..

LA MISIÓN DE LA
TELEVISIÓN, ADEMÁS DE
VENDER, ES CONSERVAR
LAS COSAS COMO ESTÁN,
PROTEGER A LA
SOCIEDAD DE LOS
CAMBIOS.

Apúrente o
nos perdemos la
telenovela..

JOSE NARRO

(YA VEN QUE EL DE LA SEP LAS VE TODAS...)

DESDE LOS VIEJOS TIEMPOS DE ZABLUDOVSKY HASTA LOS MUY MODERNOS DE LORET DE MOLA Y LOPEZ DÓRIGA, TODOS LOS NOTICIEROS DE TELEVISA (Y AZTECA) SE HACEN <u>PARA DESINFORMAR AL PÚBLICO, CALLANDO LO QUE NO SE QUIERE QUE SEPA.</u>

Leopoldo Méndez.

TELEVISA NO CUENTA CON UN PÚBLICO DE RICOS. SU PÚBLICO SON LOS NACOS, LOS JODIDOS QUE VEN LA LUCHA LIBRE, TELENOVELAS, FUTBOL, PROGRAMAS DE MORBO, REALITY-SHOWS.

Un pueblo ignorante es un pueblo sumiso..

← Lo dijo Flores Magón, que nadie celebró en el Bicentenario..

AZCÁRRAGA JEAN, EL DUEÑO PRINCIPAL DE TELEVISA DIJO QUE "LA DEMOCRACIA ES UN BUEN NEGOCIO", PORQUE (ESTO LO DECIMOS NOSOTROS) TODOS LOS POLÍTICOS SABEN QUE "EL QUE NO SE ANUNCIA, NO VENDE".

● LA TELEVISIÓN "VENDE" CANDIDATOS, COMO VENDE JABONES.

● LAS ELECCIONES NO SE GANAN CON *VOTOS* SINO CON *SPOTS*.

EN LAS TRES ÚLTIMAS ELECCIONES SE HA VISTO CÓMO TELEVISA- Y TV AZTECA EN MENOR GRADO- SON FACTOR IMPORTANTÍSIMO EN EL MANEJO DE TODO EL PROCESO ELECTORAL.

SU PREFERENCIA POR DETERMINADO CANDIDATO, AL QUE LE DAN HASTA EL 90 % DEL TIEMPO, HA SIDO CLARA Y DESCARADA. DE ESTE MODO LA TELEVISIÓN SE CONVIERTE EN LA GRAN ELECTORA.

EN EL CASO DE FOX, TELEVISA FUE LA PRIMERA EN DAR LOS RESULTADOS Y MANIPULARLOS A SU GUSTO, Y TELEVISA FUE LA QUE –ANTES QUE NADIE– PRESENTÓ EN PÚBLICO EL 'SUPER-GABINETE' FOXISTA.

Y DESDE HACE DOS AÑOS, TELEVISA ESTÁ PROMOVIENDO –PREVIO PAGO, CLARO– A PEÑA NIETO PARA EL 2012. (más información en un minuto...)

¡ En 15 minutos les resuelvo el problema !

Televisa sobrevivió a la caída del viejo régimen priista y se fortaleció con la llegada a Los Pinos de un ignorante de todo como Vicente Fox. A cambio de no sacarle sus múltiples trapitos al sol, Televisa le pidió más concesiones, no pagar impuestos, licencias para casas de juego y apuestas. etc.

EL FISGÓN

91

Televisa le creó a Fox una imagen optimista y feliz, que la gente llamó *Foxilandia*. Y por el otro lado, con ayuda del Pelón Salinas, presentó a López Obrador como un rojo arbitrario y populista que era *un peligro para México*.

SEAN FELICES: NO LEAN..

MEJOR VEAN LA TELE: ASÍ NO TIENEN QUE PENSAR..

HERNANDEZ

LO MISMO PASÓ CON CALDERÓN, Y PEOR POR LO DUDOSO DE SU TRIUNFO: TELEVISA LE HA DADO SU APOYO, A CAMBIO DE PREBENDAS Y MÁS CONCESIONES.

LA TELE PUEDE CONVERTIR A UN POBRE DIABLO EN UNA FIGURA POPULAR.

LA TELE PUEDE CONVERTIR EN VILLANO AL HOMBRE MÁS SANTO QUE HAYA.

EL FISGON

GRACIAS A CALDERÓN, TELEVISA HA OBTENIDO GANACIAS POR MÁS DE DOS MIL MILLONES DE PESOS EN LO QUE VA DE SU SEXENIO... (SOLO DE PUBLICIDAD OFICIAL)

TELEVISA APOYA CON FÉ LA GUERRA...

↓

CUANDO LA CRITIQUE, SE LE CAE LA PUBLICIDAD OFICIAL: SU GRAN CLIENTE SE LLAMA FELIPE CALDERÓN...

En la guerra contra el narco, vamos ganando.

Por ejemplo... Yo ya me gané varios millones de dólares

EL FISGÓN

TELEVISA NO TIENE MÁS IDEOLOGÍA QUE EL DINERO: SI ME PAGAS TE APOYO...

..Y LO MISMO PASA CON LA PRENSA MERCENARIA: SI NO ME PAGAS, TE PEGO...

SANGRE

EL PRINCIPAL CLIENTE DE TELEVISA, HOY POR HOY, ES EL GOBIERNO FEDERAL...

(Y TELEVISA SE ESTÁ HUNDIENDO AL PAREJO QUE CALDERÓN...)

Cartón de Rogelio Naranjo.

93

LA TELEVISIÓN SE HA CONVERTIDO EN EL <u>PODER</u>.
TELEVISA HA JUNTADO 3 PODERES 3 :
Uno: PODER ECONÓMICO
Dos: PODER POLÍTICO y
Tres: PODER DE INFLUENCIA

TELEVISA NO VENDE SOLO PRODUCTOS: TELEVISA VENDE UN <u>ESTILO DE VIDA</u>. YA SABEMOS DE CUAL SE TRATA...

(oh, yes.!)

Jose Narro

TELEVISA Y AZTECA SON INDUDABLEMENTE (Y DESDE SU FUNDACIÓN) SOLDADOS DEL PRI, AUNQUE EL PARTIDO YA ES MÁS MEMBRETE QUE PARTIDO..

¿..Y EL **PAN**?

Calderón ha tratado de tener sus "propias" televisoras volviendo "oficiales" a CANAL 11 y al 22, lo cual es un atentado contra la poca cultura que había en los medios..!

Pese a su culpa, Montiel no fue procesado, lo mismo que su cómplice Peña Nieto. Al contrario, Peña Nieto "ganó" la gubernatura del Edomex con el apoyo de Montiel, que necesitaba quien le cuidara los lomos…

¿quién se va a meter con el Grupo Atlacomulco?

DESDE 1942 Y CON EL FIN DE ACABAR CON LOS CACIQUES QUE SE DECÍAN DUEÑOS DEL ESTADO de MÉXICO, ISIDRO FABELA, GOBER INTERINO APOYADO POR MIGUEL ALEMÁN, FUNDÓ UN GRUPO POLÍTICO… PARA APODERARSE DEL ESTADO. Y ASÍ HA SIDO DESDE ENTONS: TODOS LOS GOBERNADORES HAN SIDO DEL GRUPO ATLACOMULCO-PRI…

GRUPO ATLACOMULCO

VÁYASE, VÁYASE, YA LE AVISAREMOS POR QUIEN TIENE QUE VOTAR…

GRAN CAMBIO: AHORA SEGUIMOS TENIENDO CACIQUES, PERO DEL PRI…

AUDIFFRED

GUSTAVO BAZ

EMILIO CHUAYFFET

ALFREDO DEL MAZO VÉLEZ

ISIDRO FABELA

ADOLFO LÓPEZ MATEOS

CARLOS HANK GLEZ. (e hijitos)

ALFREDO DEL MAZO GONZÁLEZ

ÓSCAR ESPINOZA VILLARREAL

IGNACIO PICHARDO

JUAN FDEZ. ALBARRÁN

SALVADOR SÁNCHEZ COLÍN

JORGE JIMÉNEZ CANTÚ

ARTURO MONTIEL

y su guardaespaldas

ENRIQUE PEÑA NIETO

Televisa pues, le sabe muchas cosas al joven Peña Nieto y lo ve como una magnífica inversión: si gana la Presidencia (con mayúsculas), será un Presidente sumiso y generoso, como lo han sido Zedillo, Fox y Calderón...

LOS DUEÑOS DEL EDOMEX, TODOS GRANDES MILLONARIOS (SU MASCOTA ES EL OBISPO MILLONÉSIMO CEPEDA...) HAN DECIDIDO RECUPERAR LOS PINOS PARA EL PRI

ES LA ALIANZA QUE SE HA FORMADO EN EL ESTADO DE MÉXICO

PRI-ATLACOMULCO-TELEVISA

Y DOS CORRUPTAS PRECIOSURAS: EL PARTIDO VERDE Y EL PANAL DE ELBA ESTHER... Y OTRA PEOR: SALINAS DE GORTARI!

99

IMAGÍNENSE: TELEVISA + SALINAS DE GORTARI + PRI + ATLACOMULCO + ELBA ESTHER + NIÑO VERDE ¿QUÉ ALIANZA LE PUEDE GANAR A COCHINADAS A LA NUESTRA?

Jose Hernandez

NO SOLO NO QUIEREN PERDER EL EDOMEX, SINO QUE QUIEREN REGRESAR A LOS PINACATES

¡Pero si nunca nos hemos salido!

TÍPICO ESPECIMEN DEL PRIAN →

El Fisgon

EN UNA PALABRA: TELEVISA NOS QUIERE VENDER AL COPETES

En el 2005 Peña Nieto firmó un contrato con Televisa por 742 millones de pesos para promover su imagen en las pantallas y proyectarlo como figura nacional. Cada año se ha venido renovando el contrato por parecidas o mayores cantidades, según dicen.

✳ MÁS INFORMES EN EL LIBRO DE JENARO VILLAMIL, *SI YO FUERA PRESIDENTE*

PARTIDO REVOLUCIONARIO INSTITUCIONAL

Cuadro de Honor

Donde encontrarán asesinos, rateros, oportunistas, corruptos, maromeros y demás especímenes de la política nacional mexicana y priista.

ALFONSO MARTÍNEZ DOMÍNGUEZ + GONZALO N. SANTOS
GUILLERMO COSÍO VIDAURRI + LEOBARDO REYNOSO
JOSÉ ANTONIO ZORRILLA + RAÚL CABALLERO ABURTO
ROGELIO FLORES CURIEL + CÉSAR AUGUSTO SANTIAGO
RAFAEL CORRALES AYALA + RAFAEL CAMACHO GUZMÁN
BLAS CHUMACERO + FIDEL VELÁZQUEZ + LUIS M. FARÍAS
JESÚS GUTIÉRREZ REBOLLO + SILVIA HERNÁNDEZ + RAÚL
SALINAS LOZANO + EDUARDO PESQUEIRA OLEA + PABLO
SALAZAR MENDIGUCHI + OCTAVIANO CAMPOS SALAS
NETZAHUALCOYOTL DE LA VEGA + JOAQUÍN HDEZ. GALICIA
CARLOS A. BIEBRICH + JESÚS SALAZAR TOLEDANO
MANUEL CAVAZOS LERMA + CARLOS HANK GONZÁLEZ
RENÉ JUÁREZ CISNEROS + RUBÉN FIGUEROA + PEDRO ASPE
MIGUEL ÁNGEL BARBERENA + MANUEL SÁNCHEZ VITE
SEBASTIÁN GUZMÁN CABRERA + PEDRO OJEDA PAULLADA
FAUSTO ORTEGA + MILTON CASTELLANOS + ULISES RUIZ
ROBERTO MADRAZO PINTADO + EMILIO M. GONZÁLEZ
MANUEL ANDRADE + HERMINIO BLANCO + CÉSAR CAMACHO
ELBA ESTHER GORDILLO + HUMBERTO ROQUE VILLANUEVA
MANUEL BARTLETT + MIGUEL NAZAR HARO + ALEJANDRA
BARRIOS + JUAN JOSÉ OSORIO + EMILIO CHUAYFFET
CELSO HUMBERTO DELGADO + JORGE DÍAZ SERRANO
CARLOS CABAL PENICHE + FLORENTINO VENTURA + JORGE DE
LA VEGA DOMÍNGUEZ + FRANCISCO RUIZ MASSIEU + JESÚS
MIYAZAWA + NAHUM ACOSTA + FERNANDO AMILPA

¿..QUE SE NOS OLVIDÓ QUIÉN? ↓ ¡AQUÍ VAN MÁS PRIÍSTAS!!

CUAUHTÉMOC PALETA + LUIS DE LA BARREDA + BEATRIZ
PAREDES+ MARGARITA LÓPEZ PORTILLO+ VÍCTOR CERVERA
PACHECO+ ALFONSO DURAZO+ AQUILES CÓRDOBA
NAPOLEÓN GÓMEZ SADA + CARLOS JONGITUD BARRIOS
AUGUSTO GÓMEZ VILLANUEVA+ CARLOS SANSORES PÉREZ
PATRICIO CHIRINOS+JOAQUÍN HENDRICKS D.+ ARSENIO
FARELL CUBILLAS + MANUEL MUÑOZ ROCHA +JAVIER
COELLO TREJO+ ALFONSO CORONA DEL ROSAL + SALOMÓN
GONZÁLEZ BLANCO + EUGENIO MÉNDEZ DOCURRO + MARIO
MOYA PALENCIA + ADOLFO SÁNCHEZ MADARIAGA + EMILIO
GAMBOA PASCOE+ MAXIMINO ÁVILA CAMACHO+ OCTAVIO
SENTÍES+ LUIS L. LEÓN+ ABSALÓN CASTELLANOS
ARTURO MONTIEL ROJAS+ RAMÓN AGUIRRE VELÁZQUEZ
JOSÉ MURAT+ ROBERTO ALBORES+JESÚS YURÉN
JUAN SABINES+PRIMO VILLA M.+LUIS N. MORONES
MANUEL AGUILERA+ VENUS REY+ FÉLIX BARRA GARCÍA

¿ES UN NUEVO PRI QUE SE ACORDARÁ QUE FUE HECHO PARA LLEVAR A CABO LOS IDEALES DE LA REVOLUCIÓN MEXICANA?

¿será un PRI distinto al de DIAZ ORDAZ, LUIS ECHEVERRÍA, MIGUEL ALEMÁN, ZEDILLO, LA MADRID, LOPEZ PORTILLO O EL PELÓN SALINAS?

(no sean pendejos..)

AL SISTEMA POLÍTICO NO LE INTERESA CAMBIAR POR EL MOMENTO (O SEA, EN LOS CINCUENTA AÑOS QUE SIGUEN..)

103

(EL PRI, O CÓMO SE LLAME EL SISTEMA, QUIERE COMPARTIR EL PODER CON EL NARCO...)

A TODOS LOS MIEMBROS: EN CASO DE PELIGRO DE TENER QUE OPINAR, ESCONDAN LA CABEZA, CIERREN EL PICO Y ESPEREN LAS DIRECTIVAS. La Dirección.

LOS OPTIMISTAS DIRÁN QUE, A PARTIR DEL 68, LA SOCIEDAD HA CAMBIADO (UN POCO), QUE HAY MEJOR PRENSA O QUE LOS MEDIOS ELECTRÓNICOS PERMITEN QUE ESTEMOS MEJOR INFORMADOS, ETCÉTERA... PERO SEGUIMOS SIENDO UNA SOCIEDAD DESORGANIZADA Y CON MUY MALA MEMORIA... (Y QUE NO PARTICIPA EN NINGÚN PARTIDO POLÍTICO, PERO VOTA...)

No se nos olvida el 2 de octubre, pero ya no nos acordamos del saqueo de SALINAS y ZEDILLO...

¿O ALGUIEN SE ACUERDA QUE LA REPRESIÓN FEROZ DE ATENCO LA ORDENÓ PEÑA NIETO...?

Doble Aquí

Doble Aquí

¿ya se nos olvidó que el PRI no dijo nada contra la represión en OAXACA o en ATENCO..?

NI HA PROTESTADO POR LA GUERRA DE CALDERÓN, NI POR LAS MATANZAS DE MIGRANTES CENTROAMERICANOS, NI POR LOS FEMINICIDIOS, NI LAS VIOLACIONES A LOS DERECHOS HUMANOS

ANDAMOS BUSCANDO GENTE ARMADA MUY PELIGROSA.

..O CON LAS NUEVAS LEYES LABORALES PANISTAS...

Y EL **PRI** ESTÁ DE ACUERDO EN LA REFORMA CASI FASCISTA A LAS LEYES DE SEGURIDAD..!

si no están de acuerdo con las barbaridades panistas, ¿por qué no las combaten? ¿por qué las apoyan?

HAY PUES LA POSIBILIDAD DE QUE EL PRI LLEGUE A "SALVARNOS" DE LOS PANISTAS, SI ES QUE ESTOS NO SE ACABAN ANTES AL PAÍS CON LA AYUDA DEL NARCO.

ES MÁS FACIL ESPERAR QUE SE UNAN PRI Y PAN PARA SEGUIR EN EL PODER, (¡DIOS SANTO!) A QUE LA IZQUIERDA SE UNA CON UN SOLO CANDIDATO... (¡Y GANE!)

MIENTRAS TANTO LA GENTE SE PREGUNTA INTRIGADA Y CURIOSA:

¿SON DE IZQUIERDA MUÑOZ LEDO, MARCELO EBRARD, DANTE DELGADO, JESÚS ORTEGA, CAMACHO SOLÍS, AMALIA GARCÍA, CUAUHTÉMOC CÁRDENAS, ALBERTO ANAYA, ARTURO NÚÑEZ, DOLORES PADIERNA, RICARDO MONREAL, JESÚS ZAMBRANO, O EL MISMÍSIMO LÓPEZ OBRADOR, EDUCADOS POLÍTICAMENTE <u>CASI</u> TODOS EN LA ESCUELA DEL **PRI**...? (pueden contestar SÍ o NO...)

107

¿ O será que <u>todos</u> los Partidos se han contagiado de la corrupción y pragmatismo e impunidad del PRI?

¿ESTAMOS CONDENADOS EN MÉXICO A VIVIR ETERNAMENTE CON EL PRI?

Mientras lo piensan, les dejo de tarea de aquí al 12 a LOPEZ OBRADOR, de quien dicen que <u>nos podría librar del PRIAN</u>, si lo deja su peor enemigo que es el Peje...

Y PENSEMOS,
TAMBIÉN QUÉ
HACER CON UN
POBRE PAÍS DADO
A LA DESGRACIA,
DONDE HASTA EL QUE
SE DICE PRESIDENTE DICE
QUE YA BASTA DE GUERRA
-CREADA POR ÉL- MIENTRAS
LA CLASE POLÍTICA DA ASCO
Y EL EJÉRCITO DA MIEDO
Y LA EDUCACIÓN DA PENA.

¡POBRE PAÍS CORROMPIDO,
IDIOTIZADO POR LA TELE
Y LOS CURAS, EL FUTBOL
Y EL CONSUMISMO, Y
UN FUTURO CON
EL NOMBRE
DE PRI...!

(SI NOS
DEJAMOS...)

Y
MIENTRAS...
¿QUÉ VA A
HACER EL
GENERAL
FELIPE...?

ROCHA

MAYO 2011

110

BIBLIOGRAFÍA

- TRAYECTORIA IDEOLÓGICA DE LA REVOLUCIÓN MEXICANA
  JESÚS SILVA HERZOG / CUADERNOS AMERICANOS 1963 / FCE 1984

- TRAGICOMEDIA MEXICANA VOLS. 1.2 y 3 / JOSÉ AGUSTÍN / PLANETA 1998

- MEDIOS DE COMUNICACIÓN DEL DESTAPE A LAS CAMPAÑAS ELECTORALES
  1934-1982 / CAROLA GARCÍA CALDERÓN / UNAM 2006

- MEDIOS DE COMUNICACIÓN Y CAMPAÑAS ELECTORALES 1988-2000
  CAROLA GARCÍA CALDERÓN y LEONARDO FIGUEIRAS TAPIA / UNAM 2006

- SI YO FUERA PRESIDENTE / El reality show de Peña Nieto /
  JENARO VILLAMIL / Grijalbo 2009

- EL CÍRCULO NEGRO / ANTONIO VELASCO PIÑA / Punto de Lectura 2005

- LOS CRÍTICOS DEL IMPERIO / Estela Arredondo, Rius / Grijalbo 1998

- LOS AMOS DE MÉXICO / Jorge Zepeda Patterson / PLANETA 2007

- EL SEXENIO ME DA PENA / El Fisgón, Hernández / Grijalbo. 1998

  - Revistas PROCESO y EL CHAMUCO.

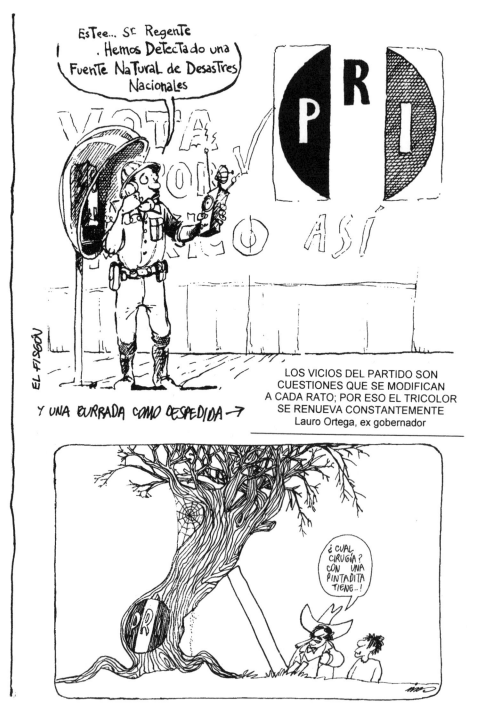

LOS VICIOS DEL PARTIDO SON CUESTIONES QUE SE MODIFICAN A CADA RATO; POR ESO EL TRICOLOR SE RENUEVA CONSTANTEMENTE
Lauro Ortega, ex gobernador

El fondo completo de Rius en el sello Grijalbo

Filosofía para principiantes
La revolucioncita mexicana
La panza es primero
La trukulenta historia del kapitalismo
Lenin para principiantes
Marx para principiantes
500 años fregados pero cristianos
La interminable conquista de México
Horóscopos, tarot y otras tomadas de pelo
Manual del perfecto ateo
La basura que comemos
ABChé
Economía al alcance de todos
La droga que refresca
Cómo dejar de comer (mal)
De aborto, sexo y otros pecados
No consulte a su médico
El fracaso de la educación en México
Recetarius
El mundo del fin del mundo
¿Seria católico Jesucristo?
La revolución femenina de las mujeres
Posada, el novio de la muerte
El yerberito ilustrado
Pequeño Rius ilustrado
Verde que te como verde

El diablo se llama Trotsky

Machismo, feminismo, homosexualismo

Filatelia para cuerdos

Lástima de Cuba

Dominó para principiantes

La vida de cuadritos

El cocinero vegetariano

Un siglo de caricatura en México

Diabluras

La poca lipsis que nos viene

El mito guadalupano

Tropicaleces, barroquerias y más turbaciones

Cómo acabar con el país

Guía incompleta del jazz

Con perdón de Doré

El arte irrespetuoso

Toros sí, toreros no

La Biblia, esa linda tontería

Puré de papas

Herejes, ateos y mal pensados

Diccionario de la estupidez humana

Osama tío Sam

El católico preguntón

El supermercado de las sectas

Obesidad al alcance de todos

Más herejes, ateos y malpensados

Mis supermachos

Mis supermachos 2

Mis supermachos 3

¿Sería católico Jesucristo?

La obesidad al alcance de todos

Sobras encogidas y seleptas

¡Santo PRI, líbranos del PAN!, de Eduardo del Río (Rius)
se terminó de imprimir en septiembre de 2011
en Edamsa Impresiones S. A. de C. V., Av. Hidalgo No.111,
Col. Fracc. San Nicolás Tolentino C.P. 09850
Del. Iztapalapa, México, D.F.